男はつらいらしい

奥田祥子

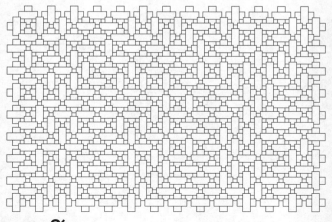

講談社+α《プラスアルファ》文庫

文庫版　はじめに

本書は、私の最初の著作であり、現代社会における男性たちの生きづらさに焦点を合わせた『男はつらいらしい』（新潮新書）の文庫版である。

新書は二〇〇七年に刊行された。二〇〇二年から五年近く、全国の二十歳代前半から六十歳代前半の男性百人余りを継続的に取材したルポルタージュだ。結婚したいのにできないつらさをはじめ、中年期の性機能や心身の不調である「男性更年期障害」の苦しさ、行政や民間の「男性相談」から見えてくる妻との不仲や職場のパワーゲームに敗れた心痛、父親として理想像を追い求め過ぎるがゆえに現実とのギャップに追い詰められる苦悩――などについて、「結婚できない男たち」「更年期の男たち」「相談する男たち」「父親に『なりたい』男たち」の四章構成でまとめている。

新書出版当時、男のつらさをテーマにした書籍は皆無で、各章の問題・切り口も従来にない斬新なものだった。果たして新書の中心読者層とされる男性たちに受け入れてもらえるのか、出版社内の販売担当者を交えた全体会議で論議を呼んだと後から編集長に聞かされた。だが、蓋《ふた》を開けてみると予想を超える大きな反響があった。男性読者からは「身につまされた」などという共感の声とともに、「女に男の何が分かるんだ！」というお叱りの言葉もいただいた。「男性の大変さが少しは分かったような気がした」という女性読者からのご感想も心に沁《し》みた。読者の方々からの様々な反応は私にとって、一ジャーナリストとして歩んでゆく原動力となったことを心から感謝している。

その後も男性たちの取材を続け、二〇一五年に『男性漂流―男たちは何におびえているか』（講談社＋α新書）、二〇一六年には『男という名の絶望―病としての夫・父・息子』（幻冬舎新書）を出版させていただいた。『男性漂流』刊行までの八年の間には、私自身が取材テーマでもある所属部署のリストラや、唯一の家族である母親の介護に直面し、取材対象者と同じ中年期を生きているという共通項だけでなく、男たちの苦悩により近づき、共感し、彼らから受け止める言葉の重みが増していった。『男はつらいらしい』取材時の三十歳代後半の自分が、男性の生きづらさを十分に理解できていたのか、今振り返ると正直、心もとない。しかしながら、冷静沈着で弱音を吐かず、「強い」と思い込んでいた男たちが実は、誰にも明かせない深い心の痛みを抱えて弱り果てていること、そしてもがき苦しみながらも男の性・生を懸命に生き抜こうとしていることを初めて知った時、激しく心揺さぶられた経験は、これまで十数年にわたり三百人近くの男性を取材し続けてきた私にとって、忘れ得ぬ貴いものとなった。市井《しせい》に生きる男たちの、声にならない「魂の叫び」に耳を傾け、苦悩に寄り添い、社会の矛盾を糾弾したいというジャーナリストとしての信念を貫いてきた起点ともなっているのである。

現在、男性たちを取り巻く環境は凄まじい勢いで変化している。『男はつらいらしい』の取材、刊行時はリーマン・ショック（二〇〇八年九月）の前で、企業では管理職ポスト削減など人件費抑制策は進んでいたものの、その後、人員削減が非正規労働者だけでなく、正社員にまで及ぶなどということは、誰しもが想像すらできなかった。育児に積極的に関わる「イクメン」や、結婚相手探しのために活発に行動する「婚活」という言葉・概念が社会に広がり、男たちへの精神的圧力となることも――。本書で取り上げたテーマや事例はいずれも深刻ではあるが、読者も、また取材に協力していただいた方々でさえ、当時の社会は苦境からの脱出に向けてまだ少しは希望を抱くことができた状況ではあったのだ。

ところが今はどうだろう。リストラ代行業者まで使って従業員を精神的に追い詰め、自主退職（自己都合退職）に追い込む企業の巧妙なリストラ策によって、また介護離職による孤立や貧困、家庭内での夫として、父親としての自己喪失など、絶望の淵をさまよう男たちは少なくない。

かつての男性優位社会のツケを払わされるかのように、社会が一方的に押しつける「男はこうあるべき」という規範を実現できない男たちが〝落伍者〟の烙印を押され、今やそうした男性が社会で多数派となっているのである。社会環境が激変しているのにもかかわらず、男は「仕事の勝負に勝たなければならない」「妻子を養う家計の支柱であらねばならない」といった伝統的な規範は緩和されないばかりか、「イクメン」称賛や「介護と仕事を両立して当たり前」といった新たなものまで加わり、男性に重いプレッシャーとしてのしかかっている。

政治家たちが市井の男たちの辛苦に目を向けて国の政策を転換し、企業が社内制度や職場環境を改善し、また妻など身近な他者や社会全体の「男」に対する意識が変革していくことが早急に求められるが、それらをただ待っているだけでは何も変わらない。まず男性自らが己を見つめ直し、現実を直視し、積極果敢に挑み続けるしかこの理不尽な世の中を生き抜く術《すべ》は見つからないのではないか。そう考えた時、社会情勢は違えども、煩悶《はんもん》しながらも「男であること」から逃げないで、必死に活路を見出《みいだ》そうと努力している男たちが登場する『男はつらいらしい』を再び、読者の心に届けたいという熱い思いが湧き上がってきた。

哀しくも愛しい男たちのライフストーリーから、仕事に家庭に心身の不調に、つらい中でも前を向いて歩んでゆくための一条の光を受け取っていただければ幸いである。

＊本文中の年齢、肩書などは執筆当時のものです。
＊統計データ類を中心に、各章の末尾に更新情報を加筆しました。

はじめに

「はぁー」「ふぅー」「うーん」——。

正確に文字に表すのは難しい。言葉とも感嘆詞ともとれない、こんな男性たちの哀愁漂う深いため息を何百回、いや何千回、耳にしたことだろう。男というものが、これほどまでに沈黙を好み、また突如として饒舌《じょうぜつ》に一変し、ネガティブな感情をむき出しにする生きものとは思いもよらなかった。

結婚したいのに、できないある男性は、低収入や口下手など「できない」理由を一言ひと言紡ぎ出すように自己分析した後、自分を選んでくれなかった女性への恨みつらみを一気に爆発させた。更年期のある男性は、うつ症状や性機能障害といった心身の不調を淡々と説明していたかと思うと急に押し黙り、そしてまたいきなり、朝、起きた時に「立たない」衝撃について目を潤ませながら切実に訴えた。

普段の取材活動では女であることを特に意識したことはないが、それを否応なく気付かされることも少なくなかった。「四十歳」独身女性が自分のことを棚に上げて、独身男性を追っかけ回す。男性の「性」を体験したこともないのに、その下半身事情に肉薄する。取材に応じてくださった方々には、さぞかし奇妙に映ったことだろう。しかし、ベールに包まれた部分があるからこそ、その事実は私にとって大きな発見であり、記者としての心を突き動かしたのである。

「男はつらいらしい」ということが。

世の中の出来事をこの目で確かめたくて、口に出して言うのはちょっと気恥ずかしいが、刻一刻と移りゆく歴史の証言者になりたくて、私は新聞社に入社した。新聞記者として、阪神・淡路大震災などの災害や殺人事件、議員の汚職、金融機関の破綻など、事件や災害の被害者の方々には申し訳ないが、それなりに国や地方の歴史の一頁に残る出来事を取材することでキャリアを積んできた。通常は人が遠ざかる事件などの現場に向かって猪突猛進することが、何よりの「快感」。当時の私は、大きなニュースをいち早くスクープすることが、最大の使命だと思い込んでいた。

そんな私の世界を広げてくれたのが、今から五年前に期せずして出会った、週刊誌だった。ニュースをカバーしてスクープを狙うことは新聞と変わりないものの、人々の日々の暮らしに、より密着して取材する機会が増えた。三十歳代以降のサラリーマン読者が多いこともあり、収入格差や成果主義人事制度、ミッドライフ・クライシス（中年の危機）といったテーマを取材するうちに、男性たちが、そうした社会で表面化した問題とは別の次元で、「男」として、内に秘めた心の痛みを抱えていることを知るのだ。

そこには、新聞記者時代に遭遇したようなニュースでは決して取り上げられることのない、「普通」の男性たちがいた。いい意味でも悪い意味でも、世間から注目されることのない、（しかし地道にコツコツ働きながら）日常生活を送ってきた男性たちだ。彼らは、仕事や家庭、女性との関係、心身の不調などさまざまな問題に、もがき苦しんでいた。そして、彼らの人生（の一場面）や心（の一端）にゆっくりと寄り添い、そのありのままの姿を描き出すことこそ、今まさに私にできる、やるべきことなのではないか、と思えてきたのである。

本書は、週刊誌の特集をきっかけに、新たな視点を見いだしながら、一ジャーナリストとして独自に取材を進めてまとめたものだ。

それぞれテーマは異なるが、「男」をキーワードに、本書に登場する男性たちはみな、自身の「生」、あるいは「性」と必死に格闘していた。

あなたの身近なところにも、きっとそのような男性たちはいるだろう。もしかすると、あなた自身であるかも。

＊本文中の仮名での事例紹介部分については、プライバシー保護のため、一部、表現に配慮しました。

目次◉男はつらいらしい

第1章　結婚できない男たち

第2章　更年期の男たち

第3章　相談する男たち

第4章　父親に「なりたい」男たち

第1章　結婚できない男たち

未婚男性の〝怒り〟

「結婚できない男たち」――。

二〇〇四年秋に週刊誌で初めてこのテーマで巻頭のメーン特集を組んだところ、発売後に読者の方々からたくさんの反響をはがきや手紙でいただいた。

「今残っている男性は結婚できない男たちばかり。本当に腹が立ちます」(三十五歳女性)、「息子が四十を過ぎても、まだ結婚しません。どうすれば結婚できるのでしょうか」(六十七歳女性)

こうした女性からの反応はある程度予想していたものではあった。

これに対し、少し意外だったのが、〝当事者〟の三十歳代~四十歳代未婚男性からの、大なり小なり怒りのこもったこんな感想だった。

「一人で使える自由な時間とお金を楽しむのは勝手。放っておいてほしい」

「『結婚できない』と決め付けるのは失礼だ」

「これまで自覚していなかったが、どこかあてはまるような気がしてショックだった」――。

もともと男性は口数が少ない。アンケートの自由表記などでも、女性が十語るところを男性は一か二程度しか述べてくれない。これだけ男性、それも自らが槍玉に挙げられた未婚男性の方々から多くの反響をいただいたのは、それだけ彼らの感情を揺さぶったということだろう。読者の方々だけではない。「あの記事はきつい。傷ついた」などと男性の友人が冗談交じりに嘆くのを幾度となく聞いた。

いったい、何が彼らの心の琴線に触れたのか。「放っておいてほしい」と言った人には申し訳ないのだけれど、そのことが私の好奇心をより一層、刺激したのだった。

改めて定義をしておくと、これから述べる「結婚できない男たち」とは、「結婚したいのに、一度も結婚できていない」男性たちのことである。もちろん、結婚するかどうかは個人の自由。「結婚したくない」人にとやかく言うつもりは、さらさらない。

怒りをあらわにした男性たちのなかには、この「できない」を、今すぐにでも結婚したいと思っていて、相手の女性を求めて一生懸命に頑張っているのに、女性に相手にされなかったり、結ばれなかったり、という「能力不足」と揶揄《やゆ》されたと、とらえた人が多かったのだろう。

しかし、ここで言う「結婚できない」には、明確な結婚願望の自覚がなくても、潜在的な意識、深層心理では「結婚したい」と考えているのに、結婚していない場合も含めておきたい。「放っておいてほしい」とのはがきをくださった未婚男性も、実際には、「いずれは家庭を持ちたい」という思いを抱いているのではないか。そもそも、もしも本当に独身生活を謳歌《おうか》しているのであれば、週刊誌の記事にいちいち反応してはがきを書いたりはしないだろう。また、「決め付けるのは失礼」と怒っている方もやはりどこかで、「できない」ことを気に病んでいるという気がする。

「できないんじゃない。単に理想の相手がいないだけ」と言う人もいることだろう。実際、取材でそう語る人も多かった。それは間違ってはいないのだろうが、冷たく言えば「理想の相手に出会う能力がない」ということになるわけである（いや、この言葉が自分にそのまま返ってくることは、十分承知しているが）。

とりあえず本章では、よほど強固な理由を持って一生独身をポリシーとして決め込んでいる男性を除く、すべての未婚男性たちを「結婚したい」男性と大雑把に捉えておこうと思う。本人がたとえ「結婚しようと思えばいつでもできる」と主張しようとも（そして周りからそう見えようとも）、一定年齢に達していても結婚していない未婚男性は「結婚できない」男性だと決め付けて、彼らのことを考えてみたい。

男性側から探る非婚化

晩婚化が急速に進んでいる。二〇〇六年十月に公表された二〇〇五年国勢調査によると、一度も結婚したことのない未婚者の占める割合である未婚率は、男性は三十〜三十四歳が四七・一％、三十五〜三十九歳が三〇・〇％、女性は三十〜三十四歳が三二・〇％、三十五〜三十九歳が一八・四％と、それぞれ十年前に比べて七〜十二ポイントも上昇した。実に、三十歳代前半の男性の二人に一人、女性の三人に一人が結婚していないという状況なのだ（＊1）。

生涯未婚率（五十歳時点で一度も結婚したことのない人の割合）に至っては、男性は、女性（七・三％）を大きく上回る、一六・〇％と、十年前から倍増し（国立社会保障・人口問題研究所の二〇〇五年「第十三回出生動向基本調査」）、特に男性の「非婚化」が顕著になってきている（＊2）。男性の非婚化傾向については、二十歳代〜四十歳代の総人口で、男性のほうが女性よりも約二％多い〝男余り〟現象だけでは説明できない何か、があるようだ。十八〜三十四歳の未婚男性のうち、「交際している異性はいない」のは五二・二％に上る（同）（＊3）。結婚以前に、女性との交際にたどり着くまでに二の足を踏んでいる男性たちの姿がうかがえる。

しかし晩婚・非婚化が進む一方で、男女ともに、約九割が「いずれ結婚するつもり」(同)と言い切っているという事実もある(＊4)。この結婚願望と現実とのギャップはなぜ、生じているのか。

私は少子化の最大の要因は、晩婚化であると考えている。その重要な晩婚化問題はこれまで、女性の社会進出により、結婚することで自身のライフスタイルを崩されたくなかったり、仕事と子育てなど家庭との両立への不安を感じていたり、といった女性側にその要因を求める視点がほとんどだった(実際には、それも結婚していない事実を正当化する言い訳に過ぎない面もあるのだが)。だが、結婚は男と女の合意によって成立するもの。男性にだって要因はある。晩婚化、近年では非婚化とも言える問題の背景を、新たな視点で男性側から探ってみたいと考えたのが、このテーマを追い始めたきっかけだ。

「女に男のことがどこまで分かるのか?」という疑問は、取材した未婚男性の間からも聞かれたし、おそらく読者、特に未婚の男性読者が抱くのはもっともだろう。しかし、分からないからこそ、知ってみたい。「結婚できない」男性の動機と心理を探ってみたいと思ったのである。

「結婚できない」男性は、プライドがあるから、日頃から「できない」オーラを発することもなければ、「結婚したい」という意思を女性や友人の間、職場で示すことも、ほとんどない。「いやあ、俺、結婚したくてしたくてたまらないんですよ。でもモテないんですよね」とおおっぴらに語る人は皆無だろう。だから、取材する側にとっても、また結婚を望む未婚女性にとっても大変、厄介な代物《しろもの》なのだ。

実は、先に紹介した未婚女性の読者からのはがきで「本当に腹が立ちます」とあるのには、共感して余りある。なぜなら、私も、「クリスマス」どころか、「大晦日」だってとっくに過ぎた、れっきとした未婚女性だからだ。

むろん、記者である以上、客観報道は心がけるべきであるし、実際にこれまで個人の意見や感情を差し挟むことは決して許されてこなかった。それは自然と心身の奥深くに染みこんでいる。だが、さすがにこのテーマについては、自分の思いを移入しないわけにはいかなかった。

「いい男はみんな結婚しているのよねぇ」

「ほんと、そうよ！」

「残っている男性はどこか変わっていて……」

「ほんと、ほんと、なんでー!?」

「もう、これからどうやって男を探せばいいのよ」

「ほんと、ほんと」

三十歳代〜四十歳代初めの未婚の女友達と、何度こんなやり取りをしたことか（どこが私の発言かはあえて触れない）。友人たちはみんな仕事を頑張りながら（メーカーやIT、ファッション、教員など業界も異なれば、正社員や契約、派遣など雇用形態もさまざま）、女としての自分に磨きをかけることを怠らず、積極的に結婚相手を探そうと頑張っている。でも、彼女たちがいくら魅力的であっても、相手方が「結婚できない」男性では、いっこうに結ばれない。それはまさに〝悲劇〟。こんなことでいいのか？と、十二分に公私混同しながら、取材はスタートした。

しかしながら、取材を進めていくうちに、「結婚できない」男性たちを一方的に責めるのは間違っているということに、気付いた。彼らはみんな、程度の差こそあれ、そんな自分に悩み、苦しんでいたのだ。

三種類の「できない」男

晩婚・非婚化の事情は、女性側から探るのに比べると、男性のほうがはるかに複雑だ。結婚したいのに、できない男性たちの、その要因は、表から見ているだけでは分かりにくい。個々人の心理や考え方など、内に秘めている部分が大きいからだ。それゆえ、彼らの素顔に迫るのはそう簡単なことではない。とはいえ、さまざまな「結婚できない」男性たちに接し、その特徴を探るうちに、彼らをおおまかに三つのタイプに分類できることが分かってきた。

まず、担当する週刊誌では、「モテない系」と「ビビリー系」とネーミングしてみた。「面白がっているだけだろ!」と怒られそうだが、週刊誌というメディアの特性も勘案してご容赦いただきたい。さらに、その後の取材から浮かび上がってきた「白雪姫求め系」。三タイプに共通しているのは、自分から女性にアプローチできず、傷つくのが怖いという点だ。なかには、女性との関係に対して心も体も冷え込み、「低温」化した男性、すなわち「低温男」もいた。すべての「できない」男性たちがこの三タイプで説明し尽くせるわけではないが、いずれかの特徴が表れているケースが多かった。

「モテない系」とは、いわゆるモテない人生を長らく歩んできた男性たち。容姿や態度がいまいち（だと本人は思っている）で、彼女いない歴イコール年齢という人も少なくない。女性経験のなさなどから、自分は女性に相手にされないと思い込んでいて、たとえ意中の女性が目の前に現れたとしても、その彼女に声すらかけられない。容姿は生まれつきで変えられない、と言われてしまえばそれまでだが、もともと「モテなく」生まれてきたわけではなく、女系家族で育ったり、理系畑を歩んできて、過去に女性と友達としてさえ接することがなかったりと、家庭や周辺環境に影響を受けているケースも多い。簡単に言えば、引っ込み思案ということで、従来から存在したタイプなのかもしれない。

次に挙げる二つのタイプは、最近の〝新種〟とも言える。「ビビリー系」とは、仕事仲間や女性との表面的なコミュニケーション力はそこそこあるのに、いざ恋愛、結婚となると気が引けてしまう男性たちのことである。男としての自分に自信がないのは、「モテない系」とも共通しているが、その心理を引き起こす要因は、より複雑だ。自信のなさの理由には、低収入といった比較的分かりやすい要素もあるが、それ以上に、彼らの心には奥深いものがあるように思える。このタイプの心をつかむのは非常に難しく、「低温」性も、最も顕著だった。

最後に、「白雪姫求め系」とは、自分が求める女性が目の前に現れるのを、ただひたすら待っている男性たち。まさしく「白馬に乗った王子様」が迎えに来てくれるのを待っている女性たちの、「男性版」。ここで言う「白雪姫」は、ただ美人というだけでは事足りない。グリム童話に出てくるぐらいなのだから、現実離れした〝お姫様〟でなくてはならない。つまり、女性に高い理想を求めすぎている男性たちということである。彼らは概して、年収も比較的高く、男としての「自信」も持っていると主張する。「俺は結婚できないんじゃなくて、しないんだ。放っておいてくれ」というのはこのタイプかもしれない。

奮闘する「モテない系」

二〇〇六年夏、東京都内のある公共施設のロビー。あいさつを交わしてから、もう十分近くが過ぎようとしていた。隣のテーブルで楽しそうに会話を弾ませている学生グループを横目に、目の前の取材相手から何も聞き出せないことに焦りを感じ始めて

いた。と、そんな時、

「僕は、外見もこんなだし……」

「僕なんて、女性には相手にしてもらえないんですよねぇ……」

「僕なんかが、変われるんでしょうか……」

岡本修治さん（仮名・三十三歳）が、蚊の鳴くような小さな声で、そう話し始めた。身長百六十センチ前後で、やや太り気味の体形。しわの寄ったシャツにズボン姿と、服装に気を遣っているようにはとても見えない。外見的には、失礼ながら、「イケてる」とは言えない男性だ。

「なぜ、この『学校』に来ようと思ったんですか？」

という最初の質問に対する答えが、自分を否定的にとらえたその言葉だった。ひと言というか、一文というか、何か言葉を発するごとに、一、二分の間が空く。一問一答式の取材スタイルでは到底、無理と観念し、こう投げかけてみる。

「何でも思っていることを話してもらっていいんですよ」

すると、岡本さんは、またしばらく瞳を上下左右へと動かしながら思いを巡らした後、自身の経験について少しずつ、語り出した。

神奈川県内で小規模な機械部品工場を営む家に生まれ育った。私立の男子高校を卒業後、家業に従事し、現在は両親と同居している。これまで、女性と付き合った経験は一度もない。母親と三つ違いの妹、そして五十歳代の女性従業員一人のほかは、異性とろくに会話すらすることなく、日々を過ごしてきたという。

「周りに女性の友達や恋人がいなくても、それが自分にとっては普通だったし、別に変わっているとも思っていなかったんです。高校時代の友人が彼女の話をしても、そんなにうらやましいとも思わなかったし……。でも、二年前に妹が結婚して、かわいい男の子も生まれて、なんか幸せそうで、いいなあ、って。それからです。結婚したいなあと思い始めたのは」

話が進むにつれて声も大きくなり、聞き返さなくても、十分に聞こえるほどになっていた。緊張して硬くなっていた表情もこころなしか、やわらいできたように見える。

「じゃあ、それから今まで、結婚相手を見つけるために何か行動してきたんですか？」

つい聞いてしまったこの質問が癇《かん》に障ったのか、一瞬にして、岡本さんの表情が曇った。そして声を荒立て、こうまくし立てた。

「だから、僕はこんなだから、女性にどう接していいか分からないし、口下手だから、駄目なんですよ。分かってもらえますか。僕だって、僕なりに悩んでいるんです」

ここまで一時間近く（かなりの部分が沈黙だったが）取材してきて初めて、岡本さんが「男」であることを認識したような気がした。

「でも、口がうまくったって、それを武器に二股かけたり、浮気を繰り返したりする男性は多いですし。私の周りにもいましたけどね。岡本さんのように、真面目で誠実なほうが、女性には好まれると思いますよ」

思わず、そう口走っていた。口からでまかせではない。おそらく私個人の特異な意見ではなく、世の多くの結婚したい女性の本音ではないかと思う。別に取材相手を励ます必要もないのだけれど、こうした言葉も効を奏したのか、岡本さんは落ち着いてきた。

「僕は今、変わろうとしているんです。初めて会った奥田さん、でしたっけ。女性の記者さんとこうして話ができたのも、大きな変化なんです。これからは、会話も、服装も、気を遣って、一つひとつ変えていきたいと思っています」

岡本さんは、そう宣言するように言い切った。取材の最初、言葉に詰まっていた男性とは見違えるようだった。結局、彼は取材の過程でこれまでの自分についてエクスキューズして、「それでも自分は変わりたい」と他人の前で宣言することで自分を鼓舞しようとしたのではないか、と思った。

「花婿学校」の登場

岡本さんとの会話で出てきた「学校」とは、花嫁学校ならぬ、NPO法人「花婿学校」だ。彼は自分を変えたいと思ってこの学校の門を叩いた。

かつて、評論家の樋口恵子さんたちが、男性を対象に、ジェンダー論的な視点から男女関係や結婚について講義した同名の学校があったが、これから紹介する花婿学校は、趣旨がまったく異なる。つまり、結婚したいと願いながらも、女性と接する術さえ分からない男性たちが、〝一人前の花婿〟を目指して、「恋愛のイロハ」を学ぶ「学校」なのだ。

「そんなもん、誰かに教えてもらうもんじゃないだろう。今の若いもんはどうなってんだ！」

そんな中高年男性の嘆きが聞こえてきそうだ。

しかし、これが晩婚・非婚化時代の現実。一部の「モテない系」男性にとっては、「結婚できない」を解消して、一歩前に踏み出す、頼みの綱ともなっているのだ。

最初に「花婿学校」代表の大橋清朗さんを本拠地の名古屋市に訪ねたのは、開校してから三ヵ月後の二〇〇四年九月のことだった。

「見た目のせいで第一印象が悪いうえに、口下手な男性は、たとえ女性と出会う機会があっても、女性に一発ではねられてしまいます。せっかくのチャンスも、ものにできないんです。そんな〝選ばれない男性〟がとても増えている。彼らを何とか助けたいと思ったんです」

私の目をじっと見つめ、そう早口で熱く語る大橋さん（当時三十五歳）からは、新たな活動にかける意気込みが伝わってきた。

「男性が女性から選ばれていない」という発想は、非常に面白かった。男女関係を考える際に、どうしても男性からのアクションをイメージしてしまうため、「女性にアプローチできない」からモテないと考えがちだ。もちろんそれも大きいのだが、特に

「モテない系」男性の場合は、自分が行動する以前の問題、すなわち女性に語りかける前の第一印象で、シャットアウトされているというのが大橋さんの分析である。

花婿学校ではまず、「見た目」を今より改善させるため、服装の選び方や自然な笑顔など豊かな表情の出し方を訓練する。そして次のステップとして、女性との会話術や、地域サークル、結婚相談所など、自分に合った出会いの見つけ方へとコマを進めていく。講義だけではなく、模擬デートや、自分に合った洋服や靴をアドバイザーと一緒に買いに行くといったメニューも用意されている。当時、花婿学校に通っていたのは、名古屋市内の自営業者や会社員ら三十歳代の八人で、大半が一度も女性と付き合ったことがないという男性たち。いずれも、女性と出会い、交際から結婚へとつなげる「テクニック」を学び、必死に自分を変えようと努めているように感じられた。

ここで紹介してもらった岡本さんが言った、「僕は今、変わろうとしているんです」というのは本心からの叫びだったと思う。

「花婿学校」代表の変身

ところが、二〇〇五年二月、約半年ぶりに訪れた花婿学校で、実際に変わっていたのは、主役の花婿予備軍たちではなく、彼らを守《も》り立てる脇役であるはずの大橋さんのほうだった。

「第一印象が良くなれば、うまくいくと思っていたんですけどね……。確かに、受講生はネクタイ一本、買い換えただけでも、ファッションセンスは随分、良くなったんです。でもね、コミュニケーション力とか、出会いを交際へとつなげる力がなかなか伸びなくて……。まったく困ったもんですよ」

そう話す大橋さんの服装は、初対面の時の公務員風地味スーツから一転、ブランドものと思われるスリムなデザインのパンツにジャケット姿。こちらの質問にも打てば響くように答えが返ってきて、話術にも磨きがかかっていた。大橋さんは明らかにバージョンアップしていた。

最初に取材して以降、テレビや他の雑誌でも活動が取り上げられて、花婿学校、そして大橋さん自身の知名度もぐんぐん上がり、二〇〇四年十二月からは、東京と大阪にも進出。受講生も二十人に増えていた。

大橋さんの変身の背景には、きっと花婿学校の活動に自信をつけてきたことがあったのだろう。それだけに、肝心の受講生たちがあまり進歩していないことに、焦りを感じているようだった。ただ、熱意は変わらなかったものの、受講生たちを見る目線が以前に比べると厳しくなってきているように思えたのが、少し気になった。

受講生のなかには、女性との出会いを求めて、料理教室やテニスサークルに通い出した受講生もいる。しかし、交際にはつながらず、苦戦を強いられていた。

唯一の朗報と言えば、受講生一人の結婚が決まったこと。ただ、この場合は、花婿学校の活動を紹介したテレビ番組を見て、彼に好感を持った女性からの積極的アプローチによって、交際がスタートしたケース。わずか二ヵ月の交際で結婚を決意し、その半年後に挙式と、とんとん拍子で事は運んで何ともおめでたいことなのだが、果たして花婿学校で学んだテクニックは生かせたのかどうか。

「交際から結婚が決まるまで一貫して、年上でしっかりとした女性がリードしていたようで……」

大橋さんとしては、諸手を挙げて喜ぶところまではいかないようだった。

変われるのは半数

それから一年以上経って、二〇〇六年六月に会った大橋さんは、さらに変化していた。怒っていたのだ。

「だいたいね。変われるのは、半数だけなんですよ。それも、努力もしないで勝手に諦めてしまっている男性が多い。これまでに女性との交際経験がなくて、外見もいまいちで、コミュニケーションも苦手な男性が結婚したいと思ったら、まず自分自身を変えないといけないのにね。なかなか分かってくれないっていうか……。今日の参加者六人のうちで、実際変われるのは二、三人じゃないですか」

髪の毛を茶色に染め、黒のスーツにノーネクタイで決めた大橋さんのファッションは、いっそう洗練されていた。どこかで見たような……。後で気付いたことだが、大橋さんがいつも講座の初めに紹介している、メンズ雑誌に出てくるそれに極めて近かった。

花婿学校は当初、半年間の継続したコースでスタートしたが、二〇〇六年現在では、名古屋と大阪で二ヵ月に一回、東京で月に一回のペースで単発の講座を開き、後は希望に応じて、ファッションセンスアップセミナーや模擬デートなどを随時、開くシステムに変わっていた。受講生の年齢も三十歳代を中心に、二十歳代半ばから四十歳代後半までに広がっていた。

大橋さんへの取材に先立って、その日は大阪市内で週末に開かれた「花婿学校」の基本・応用コースの講座を計四時間、じっくりと見学させてもらった。

「みなさん本当に結婚したいんですか？ 現実はとっても厳しいんですよ！ 世の中にはありのままの『素《す》』で女性に選ばれる男性もいますが、みなさんは違うんです。今のままでは絶対に無理。まず、自分を変えないといけない。そのためには戦略を立てて、一つひとつ実行していかないと。年をとればとるほど、難しくなる。時間との勝負なんです。ちゃんと分かってくださいよ！」

ホワイトボードを握りこぶしで時折たたきながら、大きな声で必死に訴える大橋さん。講座開始からわずか十五分程度しか経っていないのに、額には汗がにじんでいた。講座が進むにつれ、ますますテンションは高くなる。もともと高めの声なのだが、途中で何度も声がひっくり返るなど、こちらがその勢いに圧倒されるほどだった。

大橋さんの話にややうつむき加減で聞き入る受講生たちは、二十四歳から四十七歳までの六人。この年齢は後から聞いて知ったもので、外見だけを見ていると、無邪気な少年のような男性から、頭が薄くなったり、白髪が混じったりしている男性もいて、親子と見間違うほどである。受講生の年齢層の広がりは、それだけ、「結婚できない」男性たちの実情が深刻化しているということの証しなのか。みんな初参加のため緊張していたのだろうが、大橋さんの「勢い」に比べると、覇気がなく、温度差も感じられた。

講座も終盤にさしかかり、大橋さんがなおいっそう語気を強めてこうアドバイスする。

「いいですか！　自分を『商品』だと思ってください。その商品に磨きをかける努力をして、自分で自分を女性に売り込むんです。そのためには、自分のアピールポイントをしっかりと訴えられないといけませんね。営業マンになったつもりで、本当に必死にやってください！　この講座が終わったら、すぐに実行してくださいよ‼」

最初は大橋さんの熱心な講義に押され気味だった受講生たちも、ここまでくると、しっかりと顔を上げて大橋さんの指導に一つひとつ、うなずいていた。きっと、服装のセンスアップや会話力を高めるための情報収集、出会いの場探しなど、さっそく前向きに行動し始めるのではないか、めでたしめでたしと、私は単純に思ったのだが……。

講座終了後、大橋さんから返ってきたのが、「変われるのは半数」という怒りと諦めの交じったようなコメントだったのだ。

「なぜ、受講生たちは変われないいんですか？」

大橋さんに素朴な疑問をぶつけてみた。

「自分を変えられるかどうかは、変えるための努力を続けられるかどうか、ということに懸かっているんです。講座を受けた直後は頑張ろうと思うんだけど、それが長続きしないというか……」

思い切ってお見合いパーティーに参加して、女性に声をかけてみても、一度断られただけでくじけてしまい、やる気をなくしてしまう受講生が多いのだと大橋さんは嘆く。

「いざ結婚するためにコミュニケーション力をつけようとしても、学生時代や、なかには幼い頃から、母親以外の女性と接する機会がなかったりして、口下手という経験を今まで引きずってきていると、変えるのが難しいんです。いわゆる『コミュニケーション・エラー』なんですよ。女性とだけ会話が苦手なのかと思っていたら、男性の友人もほとんどいなくて、日頃から職場やプライベートでコミュニケートする相手さえいない、という人もいますからね。僕は専門家じゃないから、詳しいことは分からないですけど、これは相当、根深い問題だなって思っています」

服装や髪形を変えるだけでも、ある程度、見た目を良くすることができる。しかし、次のステップに進もうとすると、コミュニケーションが苦手で、傷つくのが怖いという、「モテない系」の受講生たちの多くに見られる特徴が、障害となっているというわけだ。見た目の「イケてない」部分が改善されても、前に「行けてない」のである。

さらに、女性の男性選びの基準が厳しくなっていることも影響しているという。

「昔は別にコミュニケーション力がなくたって、ただ真面目に仕事さえしていれば、男性は結婚できていたんだと思うんです。でも、女性がそこそこの経済力をつけた今、経済力以外の魅力というものが男性には求められている。男性の収入が低ければ、なおさら、ほかに何かカバーできる要素への要求も高まります。それに、未婚女性はエステに行ったり、おしゃれに気を遣ったりして自分磨きをしているし、出会いの場にも積極的に出かけていくなど、未婚男性よりもずっと努力をしています。ほんと、男性にも見習ってもらいたいもんですよ」

大橋さんは悩んでいた。受講生だけでなく、彼らをバックアップする大橋さんだって、つらいのだ。

代表の意外な過去

「結婚式の二次会の幹事や司会をたびたび務めてきて、自分から女性に話しかけられない男性があまりにも多いことに気付いたんです。前々から起業したいと考えていたこともあって、彼らを助ける事業をできないかと考えて思いついたのが、花婿学校でした」

大橋さんに最初に会った時、そう動機を聞いて、ある程度、納得していた。しかし、二年近くかけて、名古屋、大阪、東京と、花婿学校の活動を追い続けるうちに、彼の心を突き動かしたものがほかにもあるのではないか、と思うようになっていった。

大橋さんはファッションの変化を抜きにしても、もともと見た目はいいし、コミュニケーション能力は抜群。自分とは対極にあるとも言える「モテない系」男性たちを、なぜそこまで支援し、思うようにうまくいかない受講生たちのことで悩んでいるのか。単に世話好きで、起業家として人の役に立つためにしては、生徒たちへぶつける怒りの熱さは説明できない。その真の思いを知りたかった。

「実は、僕自身が、昔はコミュニケーションが苦手だったんですよ。全然、モテませんでしたね」

大阪市内での講座を終え、心斎橋地下の喫茶店で話し始めて三十分が過ぎようとしていた時、何気なく尋ねた私の質問に、大橋さんは少し疲れた表情で、そう語り始めた。

「高校時代まではろくに女性と口を利《き》くこともなかったんです。今の僕からは想像もできないでしょう。それには、自分の家庭環境も影響していると思います。幼稚園の時に両親が離婚して、それから母親は再婚して、弟が二人生まれたんですが……血のつながらない父親とはあまり話をしなかったし、弟たちとも仲が良いわけではなかったんです。家庭内で孤独というか、コミュニケーションがあまりなかったもんで……」

意外な告白だった。そのまま、時を過ごしていたら、「モテない系」男性になっていたということか。しかし、大橋さんが違うのは、自分自身で変わろうと決意し、それを諦めずに実行し続けたことだ。

「大学に入学して『このままではいけない』と思って、演劇部に入ったり、学生会の役員を買って出たりして、少しずつ人前でも話せるようになっていったんです。なので、コミュニケーションが苦手で一歩前に踏み出せない、っていうのが分かるんです。人に笑われたり、他人の評価が怖かったりね。あのままの人生を歩んでいたら、どうなっていたことか、って思いますよ。そんな感じで、初めて女性と付き合ったのは、二十歳ぐらいかなあ。だから、これまでに交際した女性の数はとても少ないですよ。大学時代に二人付き合って、卒業してから会計事務所に勤めていた時に出会った三人目の女性が最初の奥さんですから」

二十歳代終わりに結婚して、三十歳代初めで離婚。それから、二〇〇六年一月に約三年の交際を経て五歳年下の会社員女性と再婚するまで、カップリングパーティーに参加したり、結婚を目的とした出会い系サイトで女性を求めたりと、女性と出会うために積極的に活動し、どんな努力も惜しまなかった。

「今の妻に出会うまで、僕は本当に頑張りましたよ。自分で何も行動しなければ、女性との出会いなんてまったくなかったですから。服装とか第一印象や会話力も、一生懸命に磨いてね。だから、花婿学校に来る受講生たちの気持ちが、とてもよく分かるんです」

自身の過去のつらい経験が、「結婚できない」男性たちを救いたいという原動力になっていたのだ。講座でたびたび声を荒らげていた大橋さんの姿が、すんなりと理解できたような気がした。

それから八ヵ月を経た二〇〇七年二月、大橋さんは東京都内で開かれた、ある結婚相談所が主催する未婚男女の交流パーティーで、演壇に立っていた。二十歳代後半から四十歳代後半の参加者約六十人を前に、パーティーなどでの男女の出会いを恋愛、結婚に結びつけるための方法を指南する大橋さん。

「最も大事なのは、コミュニケーションの入り口である第一印象を良くすること。そうすることが得意か不得意か、できるかできないか、なんて関係ない。何としてもやらなきゃだめなんです。いいですか！　私は成果を出すための方法を言っているんですからね」

熱のこもった〝大橋節〟は、今もなお健在だ。

花婿学校の受講生は、開校から三年を経て、約三百人に上る。最近は、花婿学校だけではなく、結婚相談所や少子化対策の一環として男女の出会いの場づくりに力を入れ始めた自治体、未婚男性の多い企業などに招かれ、未婚者やその親を対象に、結婚できるようになるためのノウハウを説く機会が増えた。大橋さんの活躍の場はますます広がっているようだ。

「これまでに花婿学校を受講した男性たちのうち、報告のあったものだけでも、十人が結婚できました。半分は自分自身で努力して変わることができています。女性との交際にこぎ着けたり、出会いを求めて積極的に行動したりしていますよ。でも、残念ながら、残りの半分は変われない、変わる努力さえしてくれないということが、ようやく冷静に受け止められるようになりました。きつい言い方になるかもしれないけど、『売れる商品』があれば、『売れない商品』もある。いくら頑張っても、みんなを変えることなんて絶対に無理なんですよね。今は、少しでも可能性のある男性たちに賭けてみたいと思っています」

「売れない商品」とは確かに厳しいが、大橋さんから、以前の焦りや怒りは影を潜め、花婿学校をスタートさせた当初の温かい眼差しが戻っていた。なぜだか、ほっとした。

自分は負け組

佐藤宏さん（仮名・四十五歳）は、花婿学校の講座が開かれた大阪市内のある施設で面と向かった約一時間の間に、「負け組」という言葉を二十回以上も連発した。

「自分には、キラリと光る魅力は何ひとつない。女性の気を引くものがないんです。仕事もリストラされて負け組なら、結婚できるかできないかでも、自分は完全なる負け組なんや！」

現代社会では、結婚できる男と結婚できない男、モテる男とモテない男、の二極化が進んでいることについては、取材を通じて十二分に認識してきた。

「離婚した男性でも結婚できる人は何度でも結婚できるし、結婚できない男性は一生できない」

大橋さんがそう厳しい現状を示して、受講生に危機感を持つことを促していたのが、非常に印象に残っている。

佐藤さんのように、ここまで自ら「負け」を強調する未婚男性は初めてだった。それまで私が取材した受講生のなかでは、最高齢。講座の間も、よく言えば落ち着いた雰囲気、悪く言えば大橋さんの熱弁を冷めて聞いているような雰囲気があった。それならなぜ、二十歳代、三十歳代の未婚男性たちに交じってまで、受講する気になったのか。興味をそそられた。

当日、帰り際に取材を申し込むと、最初は逃げるように去ろうとした佐藤さんだったが、こちらのしつこさに根負けしたのか、一度は外に向けてくぐった施設の玄関からまた戻って来てくれた。

「私の話なんて聞いてもしようがないと思いますけどぉ……」

身長は百七十五センチぐらいの痩身で、やや猫背。アイロンのかかっていないストライプのシャツ、紺のズボン姿に、ぼさぼさの短髪が多少、近寄りがたい印象を与えはするものの、実際の年齢よりは若く見える。

「何を話せばいいのんか……」

「ほんま、どないしょ……」

顔を伏せたまま、誰に語るともなく、独り言のように、二、三分つぶやいた後、一言ひと言、言葉を選ぶように自身の「負け」経験について語り出した。

「実は二年半ぐらい前から結婚相談所に入っとるんですけどね。最初の見合いはでけても、二回目以降、女性に会ってもらえたことがないんですわ。あちらから断られてばかりでね。自分としては、なんで断られたのかも分からへん。携帯の電話番号を教えてくれた子もいたにはいたんですけど、実際に電話してみたら、着信拒否されてしもうて……」

「えっ、着信拒否ですか？」

「あんたは、そんな経験あらへんやろ。そりゃ、ショックですわ。挙句の果てに、相手の女性から、『電話されるのは迷惑だからやめさせてほしい』って、結婚相談所の相談員に苦情が入る始末で。ほんま、情けないですわ」

それは、傷ついたことだろう。しかし着信拒否を設定する女性側の気持ちはどうだったのだろうか。佐藤さんには悪いが、最初のお見合いで、相手の女性にそう思わせる何かがあったのではないか。

「結婚相談所を通じて、これまでに五十回以上もお見合いを経験してきたんですけどね。見合いを重ねれば重ねるほど、女性不信に陥ってしまったというか……」

その結婚相談所は、写真付きプロフィールの一覧を見て、男女双方が気に入った相手に申し込み、その相手が承諾すれば、お見合いが成立するというシステム。佐藤さんは、毎週五、六人の女性に申し込み、平均して月に一、二人と会ってきた。女性から申し込まれたこともあったという。例えば、二年間ある大手の結婚相談所に入会していたにもかかわらず、女性にお見合いを申し込んでも断られてばかりで、一度もお見合いを経験したことがないという三十歳代男性を取材したことがある。そのようなケースと比べると、毎月誰かとお見合いまで成立していたわけで、決して不調ではないと思う。

だが、佐藤さんにしてみれば、これまでの見合い経験は、心の奥深くに苦い経験として重くのしかかっているようだった。

関西の私立大学工学部を卒業後、建設会社に勤めていたが、五年前にリストラされ、今はフリーのエンジニアとして、過去に付き合いのあった会社からの仕事を請け負っている。年収は、約四百万円に半減した。学生時代から周りは男性ばかりで、「女性とはまったく、縁がなかった」と振り返る。三十歳代前半で取引先企業の事務職の女性と初めて付き合ったが、交際期間は一年ぐらいと、長続きしなかった。

三十五歳を過ぎた頃から自分の家庭を持ちたいと思うようになった。そして、結婚後の生活も考えて、七年前に中古マンションを購入し、今はそこで一人暮らしをしている。

女性と出会う機会がなかったという環境が今に影響しているのだろうが、自ら女性との出会いを求めて、結婚相談所に入会するという前向きな行動にも出ている。それだけに、結婚相談所への期待は大きかったのかもしれない。

「自分自身、何が原因だと思いますか？」

恐る恐る聞いてみた。

「そりゃ、自分は話題性に乏しいしね。お見合いしてても、こちらから相手の女性に質問する一方で、女性からはこれっぽっちも質問してこないんで、会話が進まないんですわ。それに、有名大学出身でもないし、リストラされて年収も低いし、一人っ子やし、いいとこなんて何もありませんやんか。学歴も年収もいまいちでもね、何かほかにピカイチ輝くもんがあればいいんでしょうけどね。そんなもん、全然ありませんからね。会話の面白さでも、スポーツでも趣味でも、何でもいいんでしょうけど。ほら、お金と一緒ですわ。輝くところには、人が集まるようになっとる。でも、自分は相手を納得させるもんがないんや。それは自分自身、『人生最大の不覚』やと思っとるんですわ」

花婿学校の大橋さんが、

「年齢が上がれば上がるほど、理屈っぽくなり、結婚できるように変わるのが難しい」

と言っていたのが、ふと頭に浮かぶ。ここまできてようやく、佐藤さんが戸惑いながらも取材に応じてくれたのは、本当は誰かに自分のしんどさを打ち明けたかったのではないか、と感じた。

「女は計算高い」

「女性の側にも、何か問題はあるんでしょうかね」

軽い気持ちでそう尋ねると、それまでいっこうに私と目を合わせようとしなかった佐藤さんの目が一瞬、ギラッと光ったように見えた。女性に対する不満なのか、それとも怒りなのか。彼の心の琴線に触れたことは間違いなかった。そうして、延々と続く女性への攻撃が始まったのだ。

「女性はね、はっきり言うて、理想が高すぎるんですわ。相手の男性に求める絶対条件は、やっぱり、経済力と学歴でしょ。女はプライドが高い。計算高いんです。買い物で、一つひとつ『品定め』するのと同じや。でも気が変わって、ほな買い替えよか、ってわけに、旦那はいかへんしね。女も真剣勝負やというのは分かるんですけどね。そやけど、外見がめちゃめちゃ良かったら、高学歴、高収入でなくても、ころっと寝返って、結婚しよったりする。ほんま、女は分かりませんわ。あの子、いろいろゴタク並べとったけど、結局あんなんに決めてしもうたわ、いう感じでね。そんな女は、結婚相談所で何人も見てきた。ほんま、アホ違うか⁉ってね」

さっきまでの「負け組」発言が嘘のような言いたい放題ぶりである。殊勝さで抑え込まれていた鬱憤《うっぷん》が、一気に爆発したという感じだ。別に自分のことを言われたわけではないし、水を向けたのはこっちなのだけれども、聞いていてムカムカしてきた。

苛立つ気持ちを必死にこらえて表情をつくろい、こう質問してみた。

「じゃあ、佐藤さんの理想は、どんな女性なんですか？」

「やっぱり、若い子がいいですね。子どもが欲しいんで、やっぱり年齢は考えますわ。今日の花婿学校では、『自分の年齢をよく考えて、若い子は狙うな』って先生が言うたはったけど、周りの同年代の男性で二十歳離れた女性と結婚した奴もいたし……。そこまでは無理でも、十歳から十五歳ぐらい下、まあ、ひと回り下ぐらいまでやったら、大丈夫でしょ」

いったい、何が大丈夫なんだろう。

「いくつになっても若い女性が好きなのは、男の性《さが》」とおっしゃる男性方もいるだろう。だが、結婚の現実として、十歳以上年下の女性と結婚した男性は、わずか三％に過ぎない（二〇〇二年「第十二回出生動向基本調査」）。結婚したくてもできずに、その術を求めてさまよっているにもかかわらず、どうして佐藤さんは、この期《ご》に及んでわざわざ極めて確率の低い女性を狙ってしまうのだろうか。

そして、佐藤さんは最後に苦笑しながら、吐き捨てるように、こう言い放った。

「女性の記者やったら、そんなん、なんぼでもありますやろ。男、なんぼでも寄ってくるでしょ。メロメロでしょ。選び放題やねぇー」

はい、この時点で佐藤さんがうまくいかない理由は見えてきたでしょう。彼の目の前にいる私も未婚女性である。彼の理想からは年齢の点ですでに外れているが、もしかしたら、私が自分の豊富な未婚女性ネットワークを活用して、キューピッド役になるってことも、無きにしも非《あら》ずなのに、そこに思いは至らないようなのだ。

リストラという社会の荒波をもろに受け、仕事でも女性との関係でも自信を失ってしまっている。これまでの交際経験の乏しさからなのか、女性を一方的に判断して、相手の気持ちをなかなか分かろうとしない。取材相手とはいえ、何か気の利いたアドバイスの一つもしたかったけれども、何も言うことができなかった。

独身「理由」の深層

国や外郭団体が実施する結婚に関する未婚者の意識調査では、結婚しない／できない理由や独身生活のメリットなど、多くの人が知りたいと思う質問項目がだいたい網羅されている。例えば、「結婚できない理由」として、男性二十五〜三十四歳では、四五％が「適当な相手にめぐり合わない」と回答。また、「独身生活の利点」については、男性十八〜三十四歳の六七％が「行動や生き方が自由」を挙げている（いずれも二〇〇五年「第十三回出生動向基本調査」）（＊5）。

果たして本当にそうなのか。取材を進めるうちに、疑問は深まるばかりだった。なぜなら、結婚は本来、「適当な相手」と自分が思う異性とするわけで、その相手にめぐり合わないのは、結婚できない理由としては当たり前と言えば当たり前。さらに、独身のメリットについても、「自由」とは何とも聞こえのいい言葉だ。いずれも、こう答えられてしまえば、質問者がそれ以上問い詰めることができない、質問の焦点をぼかした答え方とも言える。厳しい言い方になるかもしれないが、単にうわべをつくろう言い訳に過ぎないのではないかと思うのだ。

その深層には、適当な相手に自らめぐり合おうとしない、いま目の前にいる女性がもしかして適当な相手なのかもしれないのに、それを知るための行動をしない、「結婚できない」男性たちの冷めた態度や心理がうかがえる。

「モテない系」タイプの男性の結婚できない理由が比較的分かりやすかったのに比べ、これから紹介する「ビビリー系」タイプの男性の場合は、もっと複雑だ。

自信のない「ビビリー系」

「僕は、結婚というのは、男が女房、子どもを責任を持って養っていかなければならないものと思っているんです。そうなると、今の自分は仕事も安定していないし、収入も低い。とても経済的に家庭を持てる状態にはありません。たとえ彼女ができても、飯代とかデート代はすべて自分で払いたい。でも、その余裕すらないですからね。自信がないんですよ」

東京都内のあるファミリーレストランで向かい合っている山内誠さん(仮名・三十六歳)は、端整な顔立ちで、誰もが「モテる」と思いそうな男性。身長は少なくとも百八十センチはあるだろう。短髪を整髪剤でまとめた髪は一糸乱れず、Tシャツにジーンズ姿は、お金をかけているわけではないが、清潔感がある。

「結婚はしたいですね。だって、自分の愛する人と一秒でも長く一緒に過ごしたいと思いませんか? そうでしょ? それが結婚することによって、ずっと生活をともにしていけるわけですから。それに、奥さんが自分の子どもを産んでくれて、親子が一緒に暮らしていく人生って、幸せだと思いますね」

「なぜ、結婚したいと思うんですか?」

この問いに、答えに詰まったり、「何となく」と返してくる未婚男性は多い。しかし、山内さんは、はっきりとした自分なりの結婚したい理由を持っていた。取材する側の私が逆に質問されてしまい、「自分の愛する人と一秒でも長く一緒に過ごしたい」とは、何といい言葉だと共感を覚え、思わず大きくうなずいていた。

なぜ見た目も良く、結婚願望も強い彼が結婚できないのか。その理由は簡単で「経済事情」である。実は長い間、山内さんは、働かず、学校にも行かず、職探しもしていない「ニート」だったのだ。彼と知り合ったのも、ニートを支援する団体を通じてだった。ちなみに、厚生労働省や内閣府では、ニートの年齢を十五歳から三十四歳までと定義しているが、彼のように三十四歳を過ぎても、ニートの状態でいる人たちが増えているのが、現実なのだ。

「何もしないで家に引きこもっていた時期は……自分は家族にも社会にも必要とされていないんじゃないかって……かなりめげていました。今こうして、何とか仕事をしていられて、本当に良かったと思っています。でも……長い人生では、まだまだ乗り越えていかなければならないことがいっぱいあるんですよね……。結婚もその一つですが……大変ですよね」

ポツリポツリと彼の話は少年時代にまでさかのぼる。

「小学生の頃から本当は野球をやりたかったんですけどね……母親が許してくれなくて……。母が自分に期待してくれているんだから、自分もそれに応えないといけないと思って、必死に勉強ばかりしていたんです」

三歳年上の姉との二人きょうだい。教育熱心な母親のもとで、小学四年から毎日、スパルタ的な指導をする学習塾に通い、外で友達と遊ぶ時間さえなかった。公立中学校を経て、私立高校に入学したものの、第一志望の高校に行けなかったことに母親は納得しなかった。その後もいっそう勉強に打ち込んだが、大学受験でも失敗。一浪して本人いわく「三流の」私立大学に入ったが、大学三年の時に体を壊して二ヵ月間、入院した。

「入院して初めて、休むことがこんなに楽なのか、って感じましたね。それまでは、勉強しかしてこなかったから……。そうしたら、もう大学に行くのも面倒になってしまって……。母親には内緒で学習塾講師のアルバイトを始めて、大学も勝手に辞めてしまいました」

「お母さんの反応はどうでしたか?」

「そりゃあ、怒りましたね。でも、その時は自分も二十歳を過ぎていたし、もう母に逆らってもいいだろうと思って……遅い『反抗期』というやつですかね」

自宅に両親と同居しながら、学習塾での週三、四日のアルバイトを続けて十年近く経った頃、勤めていた塾が倒産した。すぐに職探しをしたが、「大学中退」がネックとなり、どこも不採用だった。約三ヵ月の間に五、六社を受けた段階でやる気をなくし、家の自室に閉じこもるようになってしまった。それから二年ほど、ニートの状態が続いた。

ニート脱出の転機が訪れたのは、二〇〇五年秋。インターネットを通じて情報を知った母親の勧めで、ニート支援団体のNPO法人「育て上げネット」（東京都立川市）の訓練プログラムに参加した。そこでコミュニケーション力をつける訓練や、地域の清掃活動、職場体験などを行ったことで、少しずつ、再び働くことへの意欲がわいてきたという。

二〇〇六年秋からは、東京近郊で非常勤の学童保育指導員の仕事に就いている。働く気力がなく、就職活動さえできなかった山内さんにとって、非常勤といえども、定職に就けたことは、大きな前進だ。しかし、本人にとっては、「まだまだ乗り越えていかなければならないことがいっぱいある」と言うように、「ひと山」越えた地点には、それまでは思いもよらなかった、あるいは脳裏から忘れ去っていった、また新たな大きな「山」が待ち受けていた。その「山」が、結婚、それにつながる女性との出会い、交際なのだ。

「男のプライド、メンツなんでしょうかね。もともと子どもが好きだったし、今の仕事は大変やりがいを感じていますけど、まだ月収十万円ぐらいしかなくて、とても結婚する、いや、それ以前に女性と付き合う自信がないんです。だから、まず資格を取って常勤の指導員になって、稼げるお金を増やしたいと思っています。すべては、それからですね」

そう言い切る山内さんからは、もはや暗い表情は消え、取材を始める前の凜々しい男性に戻っていた。

異性に興味を抱き始める十代後半は勉強に費やし、二十歳代、三十歳代も、戸惑いや不安のなかで時を過ごしてきた。友人は少なく、それこそ悩みを相談できる人はいない。二十歳代の頃に、二、三人の女性と「付き合ったと言えるかどうか……」程度の交際経験はあるものの、三十歳を超えてからは女性との「縁」はまったくなかった。

山内さんの場合は、自身の経済力の弱さに対してかなりの不安を抱いていた。また「男は家族を養ってこそ一人前」といった昔ながらの考え方に強く囚われているようだった。

フリーターと専業主夫

もちろん「月収十万円で結婚は現実として厳しいだろう」「そもそも女性が納得しないだろう」という意見はあるだろう。山内さんの場合は少々極端な例だが、収入の少ない未婚男性が結婚できにくい実態は、国や外郭団体のいくつかの調査でも示されている。しかもその傾向は、「男が家族を養って当たり前」という考え方が今以上に強固だった頃と比べても強くなっているようなのだ。

二〇〇六年八月に厚生労働省が公表した二〇〇六年版「労働経済の分析（労働経済白書）」によると、配偶者がいる割合を雇用形態の違いで比較したところ、三十〜三十四歳男性では、正規雇用（五九・二％）と比べ、契約、派遣などの非正規雇用（パート、アルバイトを除く）はほぼ半分（三〇・三％）、パート、アルバイトとそれらを希望している求職者は約三分の一（一八・六％）にとどまった（＊6）。

同白書は、非正規雇用の増加による収入格差の拡大を指摘するとともに、「若年者が職業的自立を図れないために、結婚し、家族を持つことができなくなるなど若年者の厳しい雇用環境が少子化を促進する要因にもなることが懸念される」

と分析し、初めて、不安定な就業形態による低収入と、晩婚・非婚化、少子化を関連付けた見解を明らかにした。つまり、フリーター、ニート問題はそのまま少子化問題でもあり、「結婚できない」男性たちを増産する原因にもなっているのである。

今や、フリーター百八十七万人、ニート六十二万人（二〇〇六年、厚生労働省調べ）の時代（＊7）。一九九〇年代初めのバブル崩壊以降、景気低迷や産業構造、雇用形態の変化などにより、若年層の非正社員が増加していることは周知の通りだが、最近では、アルバイトなどの不安定な職に就いている人は、「若年者」の範囲を超えた三十歳代半ばから四十歳代にまで及んできている。

ただ、経済力が弱いために、結婚を先延ばししようとする考え方は、それを実際に行動に移すかどうかは別として、至って分かりやすいとも言える。雇用形態の変化が人々のライフスタイルに与える影響は、確かに小さくない。しかし、問題は、昔は収入が低くても結婚できていた男性たちが（今よりも賃金格差が小さく、将来の収入増加が期待できたという社会状況の違いはあるにしても）、今ではそうできなくなっているということだ。「一人口《ひとりぐち》は食えぬが、二人口は食える」などという物言いは死語になっている。

「女性が経済力をつける一方で、結婚相手の男性の年収にこだわる女性は依然として多い。このような女性の意識にさらされ、フリーターなど非正社員で収入の低い未婚男性たちは、結婚を先送りしているうちに、結婚すること自体に自信をなくしてしまっているのです」

そう指摘するのは、『パラサイト・シングルの時代』や『希望格差社会』などの著書で知られる、山田昌弘・東京学芸大学教授（当時）（家族社会学）だ（＊8）。

「（未婚でその年齢の）奥田さんの前で、いやあ、なんというか、どうも悪いんですけどもね……」

山田教授はいつも、このように私のことを気遣ったうえで、未婚男女に対する鋭く厳しい指摘をしてくださる。山田教授が、低収入の男性が結婚するために残された最後の道として提案するのが、「専業主夫」だ。

確かに、会社員や公務員の配偶者に扶養されている専業主婦を想定した国民年金の「第三号被保険者」の男性、すなわち「専業主夫」は、二〇〇六年度末で約九万九千人と、この十年で二・五倍に増えている（＊9）。しかし、果たして未婚男性の願望、選択肢の一つとして、確たる位置を占めているかといえば、少々疑問ではある。

週刊誌の特集記事の一部で、「専業主夫」を取り上げた際、四十歳代の既婚男性デスクがこう、私に問い詰めるように疑問を投げかけてきた。

「山田さんがそう言ってるんだったら、専業主夫というのも一つの解決策なのかもしれないし、記事としては面白いっちゃあ、面白いけどさ。奥田、お前は、どうなんだよ？『僕、家庭に入るから、君、仕事頼むね』なんて言われちゃったらさ」

「女性が経済力をつけた今、そういうのも選択肢の一つだと思いますけど……」

私は自分の意見を言うことを避けて、「客観的判断」に当座逃れをしてしまった。

しかし本音を言えば、少々複雑だ。友人の夫が「専業主夫」になったと聞いたら「それも一つの選択肢ね」と言うだろう。そんなカップルを取材すれば「こんな新しい夫婦のあり方があってもいい」というようなスタンスで記事を書くだろう。が、いざ自分の相手が「専業主夫宣言」をするというのは、どうも違和感があるのも事実だ。

かつてと比べ、男女のライフスタイルは様変わりしてきている。

女性の晩婚化問題を特集した際に、ある二十七歳の女性読者から、こんなおはがきをいただいた。

「今の時代は、結婚してもしなくてもいいし、子どもを産んでも産まなくてもいい。

なかには結婚してなくて、子どもを産み、一人で育てている女性もいます。自由でいいのかもしれませんが、これだけ選択肢が多いと逆に迷ってしまいます」

生き方の選択肢が広がったことは、客観的に見ると望ましいことではあるが、当事者にとってみれば悩ましい面もあるのだ。

もちろん、新たな結婚のかたちを堂々と実践している男女もいる。周りを見渡してみれば、入籍をしていない事実婚夫婦や、共働きで、意図的に子どもを持たない夫婦がいることに気付くだろう。年上女性と年下男性のカップルも増えている。もはや、「サラリーマン―専業主婦―子ども」型は、一つの家族のかたちでしかないのかもしれない。

男性、女性双方の結婚に対する意識、夫婦のありようは、確実に変わってきている。ただ、その一方で、いまだに変わらない男女の考え方も存在する。それが、後でも述べるが、女性の（結婚相手への）経済力志向であり、また、男女の「専業主夫」アレルギーなのではないか。だから、山田教授が提案するような、低収入の未婚男性が、経済力はすべて女性に委ねて家庭に入るという選択肢は、現時点ではまだ現実的ではないように思うのだ。

心も体も冷めた「低温男」

経済的な理由をもとに「ビビリー系」になる、というのは傍目《はため》にも分かりやすい。

しかし、もっと不可解な「ビビリー系」がいる。それが「低温男」である。

「近頃の男性は、恋愛に冷めてしまっている人が多いんですよね」

ある女性ライターの方のこんな何気ない言葉が、眠っていた私の記憶を呼び覚ましてくれた。彼女が言うには、特に三十歳代の未婚男性は覇気がなく、女性との関係で萎えてしまっていて、自分からデートに誘ったり、セックスをしかけたりすることができないのだという。

そういえば、働く三十歳代未婚女性の友人数人から、好意を寄せている未婚男性と二人で、または複数で、平日の夜や週末に定期的に会って食事をしたりしているのに、いっこうに恋愛に発展しないという話を聞いたことがあった。

ある友人は、意中の男性と二人だけで半年以上も月に一、二回は会って仕事帰りに夕食をともにしているのに、いまだ関係は深まらず――。

「彼が私のことどう思っているのか、ほんとによく分からないのよねぇ……」

「じゃあ、率直に聞いてみればいいじゃない」

「もー、他人事《ひとごと》だと思って！」

　そんな会話を何回、繰り返したことだろう。確かに、私が彼女の立場、気持ちに成り代わることはできない。他人事と言われれば、それまでだ。でも、彼女が相手の男性に好意を抱いていることは明らかで、その彼と定期的に会っているのに、彼から告白もなければ、手を握ったり、それ以上の身体的接触も何も求めてこないというのは、何とも不可解だった。彼女は、彼のつれない態度を嘆きつつも、好きな男性に会えるだけで幸せといった複雑な思いもあるよう。直接聞いてみて、もう会えなくなるのが怖いという気持ちのほうが強いから、また厄介なのだ。

　彼は彼女のことをどう思っているのか。客観的に引いて考えてみても、彼女が言うように、よく分からない。

　もしかすると、その女友達の相手の男性も、心身ともに恋愛に冷めた「低温男」の一人なのではないか。そして、そのような男性が増殖しているのではないか。そんな直感から、「低温男」を探す「旅」が始まった。

　ところが、「低温男」探しはかなり難航した。まさか、女友達の意中の男性に取材して、うまくいくかもしれない（彼女には悪いが、おそらく難しいと思うのだが）二人の関係をぶち壊すわけにはいかない。いつしか、仕事関係の飲み会や結婚式の二次会、友人宅でのホームパーティーなど、新たな出会いがある度に、探りを入れる日々がスタートしていた。本来ならば、もっと普通に気の合う男性を探すべき場所であるから、困ったものである。

被害者は可憐な女性

一年余り過ぎた頃、ようやくイメージに合いそうなケースに出会った。が、この時点では「低温男」本人ではなく、「彼」に「付き合わされ」、貴重な時間を無駄に過ごしてしまったという女性だった。

小林美樹さん（仮名）は、食品会社に勤める三十一歳。鎖骨あたりまで伸びた艶やかなセミロングの髪は少し明るい茶色に染められ、毛先はきれいにカールされている。アイラインとマスカラで仕上げた目はぱっちりと大きく、アイシャドーや口紅の色は抑え目。紺色のジャケットをかっちりと着こなす一方で、淡い水色の花柄フレアスカートで女らしさを演出するなど、女性から見ても色っぽく、可憐だった。

最初の十分程度は、互いの自己紹介や仕事などについて話してから、

「先日お電話でもお話ししましたけど、実はいま、結婚できない男性について取材をしていまして……」

と本題に入ると、それまで笑顔を交えながら話していた小林さんがいきなり、真剣な表情でこう、切り込んできた。

「とてもつらい思いをしたんですよ。私、あの人は絶対に結婚できないと思います。それ以前に恋愛自体が無理です。本当は彼のことなんて思い出すのも嫌なんですけど……」

言葉は途絶え途絶えで、どうにかつながっているという感じで彼女は話し始めた。

「私、最後の最後まで、彼とは『付き合っている』と思っていたんです。その間も確かにつらかったんですよ。でも……やっぱり、その時は好きだったから……。私、好きになると、周りが見えなくなるというか、もうこの世界には、彼しかいないって……でも、勘違いだったんです。とてもショックでした。ほんとに死にたいぐらい」

表情は崩れ、目には涙が浮かんでいた。化粧崩れを気遣ってか、自らハンカチで目頭を事前に押さえなかったら、きっと涙のしずくが頰を伝っていたことだろう。

小林さんは、仕事帰りに週一回、通っていた英会話学校で、「彼」と出会った。不動産業の四歳年上の「彼」は、外見も小林さんのタイプで、話題も豊富。好きな映画の趣味が合ったこともあり、自然と会話を交わすようになっていった。いつしか「彼」に恋心を抱くようになり、出会ってから四ヵ月ほど経った頃、最寄り駅までの帰り道、彼女のほうから、思い切って週末の映画に誘った。それから、二人の「交際」がスタートした。

「最初に映画をOKしてくれて、脈があるって思ってしまったんです。その時は、正直、とてもうれしかった。でも……デートしても、その時に次に会う日は決めないし……結局、会った日から三日も連絡がないと、精神的に苦しくて夜も寝られなくなっちゃって、いつも私からメールや電話をしてしまうんです。その都度、彼は誘いを断ることはなくて……。だから、付き合っているんだって……」

話し始めてから三十分が過ぎ、彼女は徐々に冷静さを取り戻しているようだった。努めて客観的に自分の「誤解」を告白することで、自分自身を納得させようとしているようでもあった。

毎月二、三回は映画を見たり、美術館に足を運んだりして、「交際」し始めてから半年が過ぎたあたりで、小林さんの不安は頂点に達しようとしていた。連絡をするのも、次回のデートの約束や行き場所を決めるのも、すべて彼女。「彼」から、「付き合ってください」や「好きです」の告白もなければ、手を握ってくることも、唇を重ねようとすることもない。

恋愛本を読みあさったのもこの頃だ。極め付きは、全米二百万部のベストセラーの翻訳本だ。そこには、理想の男性と結婚するには、「最初にこちらから話しかけてはいけない」「こちらから電話をかけないこと」などと、懇切丁寧にアドバイスされていた。

「本を読んで自分たちの場合は、男女関係がまったく逆。何かが違う、と感じました」

そこで小林さんは、「彼」が自分を恋愛対象として見てくれているのかどうかを確かめることで苦しみから逃れたいと思い、突如大胆な行動に出る。ある日、デートの帰りに、「彼」を一人暮らしの自宅マンションに誘ったのだ。だが、その結末は、彼女をさらに奈落の底に突き落とすほど、衝撃的なものだった。

「『じゃあ……』、（二、三回咳払いをして）『じゃあ、お休み。先に寝るね』って、彼が言ったんです。これからリビングでワインでも飲みながら、映画のDVDを観ようとしていて……彼がリビングのソファーに半ば寝転がるように座っていて、私がキッチンでおつまみを用意していた時に。それも後ろから……」

小林さんは、半年ほど前のその出来事がよほどショックだったらしく、まるで映画のワンシーンのように、その「映像」が自身の脳裏に焼きついて離れないようだった。

「後ろから……」とつぶやくように小さな声で言った直後、静かに瞳を閉じたかと思うと、再び開いた目はあらぬ方向をしばらく見つめたままだった。

そうして、その日を境に、「彼」に連絡するのをきっぱりとやめた。もちろん、「彼」から、「どうしてた？」などとメールも電話も来ることはなかった。「彼」とはそれっきりだ。

「低温男」に迫る

これはまさに「低温男」だろう、と思った。しかしながら、それはあくまでも女性から見た姿だ。過去のつらい出来事を思い出してまで、話をしてくれた彼女には悪いが、やはり、女性からの一方的な取材で「はい、おしまい」とするわけにはいかない。反対の立場の「彼」からは、まったく異なる説明があるかもしれない。何としてでも、「彼」に会いたかった。

小林さんは、すでに「彼」の連絡先はいっさい、消し去ったという。たとえ覚えていたとしても、教える気持ちにはならなかっただろう。ただ、共通の知り合いであった英会話学校の元クラスメートの男性の連絡先を後日、知らせてくれた。彼女の好意がありがたかった。

さっそく、元クラスメートの男性に電話をしたところ、「彼」とはしばらく連絡が途絶えているという。こちらの目的を詳しく尋ねることもなく、「彼」に聞いてみてくれるとのことだった。電話の向こうの低い声は、非常に穏やか。「彼」と小林さんとの関係を知ってか知らずか、その男性は、小林さんの近況をしきりと気にしていた。もしかすると、彼女に思いを寄せていたのかもしれない。

元クラスメートの男性から連絡がないまま、時は刻々と過ぎていった。私は、日々の特集記事に加え、突発的な事件取材に追われ、「低温男」を探していたことすら忘れそうになっていた時だった。

「〇〇さんが連絡先を教えてもいいとのことです」

穏やかな声が心に響いた。その男性は、「彼」の携帯電話の番号とメールアドレスを教えてくれた。それらは、小林さんと別れた後も、変わってはいなかったようだ。そうして、「彼」との交渉が始まった。だが、残念ながら、「彼」はどうしても会って話をするのは嫌だという。携帯メールでは何とか返信はくれるのだが、電話でお願いすると、「しつこい」と言って一方的に切られることもあった。約一ヵ月粘った末に、ようやく、「じゃあ、電話でなら」と折れてくれた。小林さんと会ってから、三ヵ月が経とうとしていた。

「どうせ、『男は弱くなった』なんて、記事にするんでしょ」

やや高めのトーン。よく通る声で、若手のアナウンサーといった感じがした。

「真実、いえ事実を知りたいんです。率直に言って、小林さんのことはどう思っていたんですか？」

「今さら、どう、って言われてもねぇ……」

「デートに誘われたら、断らずに付き合っていたようですが、彼女のことは好きだったんですか？」

「そりゃ、あんなきれいな女の子に誘われたら、誰だってついて行くでしょう。街を歩いていても、よく振り返られたりしたし……気分はいいですよね。まあ、好きか嫌いかって言われたら、好きだったんじゃないかなあ」

「好き」という言葉は、そんなに曖昧に、それも軽々しく口にできるものなのか。

「彼」はどこか、強がっているようでもあった。

「でも、付き合っている過程で、彼女に告白しようとは思わなかったんですか？」

それまで、とんとん拍子で返ってきていた言葉が、一瞬、止まった。

「それまでずっとデートに誘われて、一緒に出かけてたからといって、告白してOKされるとは決まってないでしょ。『付き合ってください』って言って、少しでも返事に詰まられたら……そういうの、僕、嫌なんですよ」

「じゃあ、小林さんの自宅に行きましたよね。そこであのー、彼女に何もせずに、先に寝てしまったそうですが……」

「あのねー、あんた、何が言いたいの？」

いきなり、激しい口調に変わった。「彼」は明らかに怒っている。それも、男としてのプライドを傷つけられたことに対して。

「女のくせに、よくそんなこと……。じゃあ、本当のことを言ってあげましょうか。別にね、性欲もわかなかったというか、ぶっちゃけた話、セックスしたいと思わなかったの。彼女がそれを期待していたというのは、もちろん、そりゃ、そうでしょうねえ……」

「で（も）」

と私が切り返そうとした時、「彼」はこう、言ってのけた。

「女って、あれ、男のがうまいかどうかって、評価したがるでしょ。そんな語り草にされちゃあ、困るからね」

もう、これで十分だ。わずか二十分程度の電話取材だったが、ある程度、「彼」という男性が見えたように思えた。

言葉に詰まってしまった私は、取材を締めくくろうと思った。

「分かりました。どうも、ありがとうござ……」

最後まで言い終わる前に、彼は電話を切った。会話の途中、小林さんの近況を尋ねることは一度もなかった。

「彼」は女性との関係において、「男はこうあるべき」といった固定観念を強く持ちすぎているのではないか。しかもその理想像に自分がまったく近づけていないことにコンプレックスや、やるせなさを感じているのではないか。

電話ではあったが、「彼」がどうして取材に応じてくれる気持ちになったのか、今でもよく分からない。

ちなみに男性のライフスタイルをテーマに取材していて、最も困るのが、彼らの「性」に関わる問題である。こればかりは、女性の私にとって、謎の部分が大きすぎる。

「奥田、犯罪や道徳に反すること以外は、何でも経験するに越したことはないぞ。記者としての厚みが増すからな」

新人記者時代、上司にそうアドバイスされ、そうありたいものだと思った。だけどいくら頑張っても、私は男にはなれない。そこで「彼」の言動について、知り合いの男性諸氏に尋ねてみた。その話を総合すると、小林さん宅での「彼」の行動は、「ありえない」とのこと。

もしかすると、「彼」は身体的欠陥があったのかもしれない。あるいは、同性愛者だった可能性もなくはない。しかし、「彼」とやり取りをした限りでは、少なくとも女性に興味のある男性であることは確かだったと思う。

「彼」は、「低温男」のなかでも極端なケースなのかもしれない。ただ、従来では「ありえない」と思われた、好みの女性が近づいてきてくれても、心も体も前向きになれず、冷え込んでしまっている未婚男性は今、確実に増えているのではないか。

それは女性との関係だけに限ったことではない。心の「低温化」に限ってみると、例えば、部下を飲みに誘ったときに、とってつけたような「用事」を理由にあっけなく断られた経験のあるサラリーマンは少なくないだろう。すべてのケースがそうとは言い切れないが、上司の誘いを断る部下の心中には、酔った勢いで普段の仕事の態度や成果を指摘されたり、批判されたりしたくないという思いがあるのではないだろうか。

恋愛や結婚に限らず、職場や広く社会においても、人間関係で傷つくことを過度に恐れてしまう男性が増えていて、それがちょうど、「結婚」が人生のテーマに挙がる年代である、いまどきの二十歳代、三十歳代の特徴の一つでもあると思うのだ。

白雪姫を待っている

週末お昼過ぎの東京・六本木ヒルズ。初夏の木漏れ日が心地よい。デートに立ち寄る若いカップルだらけかと思っていたら、家族連れや愛犬を連れた熟年夫婦、スーツ姿のサラリーマンの姿もあった。ヒルズ内のカフェで会った近藤卓巳さん（仮名・三十九歳）は、理想の女性像を追い求め続けている「白雪姫求め系」タイプの男性だ。待ち合わせ時間に十分近く遅れたことを軽く詫びた後、近藤さんはこの街について、こう説明を始めた。

「週末になると、自然とここに足が向いているんですよ。都心で便利だし、食事もショッピングも映画も、何でも楽しめて好きですね。そうそう、このカフェ、あのホリエモンがよく来ていた店らしいんですよ。事件の後は、姿見せてないのかなあ……」

職場も自宅も、決してここから近いというわけではないのに、この街が好き。そして、ホリエモンが好んでいたというカフェを、わざわざ取材場所に選ぶ。「ヒルズ族」にあこがれを抱いているのかもしれない。

大手電機メーカー勤務の近藤さんの服装は、ちょっと意外だった。Tシャツ、ジーンズに、白のジャケット姿。身長は百七十センチぐらいで、がっちりとした体格。実年齢より五歳以上は若く見える。後で分かったことだが、このジーンズはビンテージもので一本十万円近くもする代物。まだらな染め具合やしわ感が独特の深みを出す一方、ジャケットには折れじわひとつなく、オフホワイトの色が一段と際立っていた。自分なりのファッションに強いこだわりを持っている男性だと感じた。

ぱっちりとした目が印象的な甘いマスク。髪の毛はほんの少し明るめの茶色にカラーリングして、全体に軽くパーマをかけている。きっと、仕事で取引先に失礼にならない程度に抑えた最大限のおしゃれなのだろう。さらに、眉毛は男性には珍しく、細めに、まるでペンシルで描いたようにきれいにカットされていた。

「せっかくのお休みなのに、お時間をいただいて、すみません……」

私が取材に入るべく話し始めると、近藤さんは、間髪を容れず、こう切り出した。

「メールでだいたい趣旨は分かりましたけど、以前、奥田さんが記事に書いていた『結婚できない男たち』、つまり、『結婚する能力がない男』として取材されちゃあ、困るんですよねぇ。これ、事前に確認なんですけどね」

痛いところを突かれる前に、防御柵を巡らしておきたい。そんな思いがうかがえた。

「そりゃ、もう……」

メールのやりとりでは一切、触れられてはいなかったのだが、彼は、実は私が過去に書いた記事を読んでいてくれた。ありがたいことに。ということは、彼も特集記事を読んで、「放っておいてほしい」と怒りを感じた口か。慎重に言葉を選ばなくては。

「今回の取材は、近藤さんのように、外見も良くて、しっかりとした企業にお勤めで、結婚しようと思えばいつでもできるのに、今のところ結婚されていない方について、それはなぜなのか、ということが少しでも分かれば、というのが狙いでして……」

「じゃあ、話しますよ。まず、私が今結婚していないのはね、ひと言で言っちゃえば、理想の女性にまだ出会っていないからです。これは、正当な理由でしょ。だって、人生八十年として、自分はまだその折り返し地点にたどり着いたぐらい。あと四十年も、つまりこれまで生きてきたのと同じぐらい長い年月を一緒に過ごす女性ってなると、いろいろと考えてしまうのは、当然でしょ」

私がいちいち質問するのを待つことなく、まるで話す内容をすべてまとめてきたように、すらすらと話し続ける。しかも、逐一、同意を求めてくる。

「周りで二十代とか早くに結婚した奴らを見ていると、何か、早まったんじゃないの、って思っちゃうんですよ。結婚するまではあんなにあつあつだったのに、愛していた女も妻になって、母親になったら、セックスレスでしょ。結局は、十歳以上も年の離れた女の子と浮気していたりね。まあ、そこまで打ち明ける奴はごくまれ。だいたいは、家庭生活うまくやってます、って澄ました顔して、ウラではいろいろとやっているっていうのが、多いんじゃないの。それから、あれ……最近、子どもを中学受験させるのが流行《はや》っているでしょ。かみさんに尻たたかれて、受験説明会に行ったりしてね。それから、私は東南アジアが好きで年に二、三回は旅行しているんだけど、仕事であくせく働いたうえに、趣味の時間もとれずに、なんか家族の犠牲になっている奴が多いというか……ああいうの、嫌いなんですよ」

話を聞かせていただいて言うのも何だが、近藤さんは少々饒舌すぎる感じがした。一つの話が長いのだ。いつしか、結婚した「奴ら」の愚痴に変わっていた。本人の話に戻さなくては。

「でも、一生独身って、決めているわけではないんですよね」

「そりゃ、そうですよ。世の中に、独身主義を貫こうとしている男性なんていないんじゃないかなあ。まあ、モテない男は結果としてそうなってしまっているというだけで。会社の上司や取引先にもいるけど、四十を過ぎても独身っていうのは、何か変な趣味があるのかなんて、周りから白い目で見られたりして、嫌だしね。やっぱり、結婚したら子どもも欲しいし、子どもが成人した時に定年退職しているってのはちょっとね……そうなると、今すぐ結婚しないと、いや、それでももう無理か、はっはっは……（苦笑）」

あと人生の半分をともに暮らす女性だから、相手選びには慎重になる。とはいえ、子どものことを考えると早く結婚したほうがいい。いずれももっともな主張ではある。が、相反する考えの間で考えあぐねているのかと思えば、本人からは深刻にとらえている様子はいっこうにうかがえない。結婚自体を非常に冷めて見ているようだ。さらに、一定年齢を超えた未婚男性に対して、軽蔑の眼差しを投げかける。自分もそう周りから「見られたくない」から、結婚したほうがいい。納得し難い考え方だった。

近藤さんの女性論

取材を始めてから四十分程度が過ぎ、コーヒーのお代わりとケーキを二人分注文した。核心に触れる前に、カフェインと糖分が必要だった。お店の人の手前もあったが、いつもだったら最後まで突っ走れそうな取材も、今回はさすがに手強《てごわ》い相手に、私自身が焦りを感じていたのかもしれない。

五分ほど雑談しながら、食べて飲んで——。そして呼吸を整えてから、こう尋ねてみた。

「近藤さんが求める女性って、どんな人なんですか？」

「おー、そうきましたね。うーん……まあ、フィーリングが合うっていうか……」

それだけのはず、ないだろう！

「でもほかに外見とか、年齢とか、それから料理がうまい、知性があるとか、いろいろと男性が相手の女性に求める条件ってあると思うんですが……」

「ははは……今の全部ですよ」

「はっ？」

「だから、率直に言うと……繰り返しましょうか。きれいで若くて、賢くて、家事ができて、って全部揃っていたら……まあ、追加でロングヘアーで髪の毛がサラサラっていうのもあるんですけどね、それには目をつぶったとしても、今すぐにでも結婚しますよ」

そこまで言うか!! いや、しかしこれは軽めの冗談かもしれない。「そんな人、滅多にいませんよ」と突っ込むべきだろうかと考えていると、間もなく、続く言葉から本気であることが判明した。

「でも、それがね……いないんですよねぇー。これって、机上の空論じゃなくて、経験則に基づいているんですよ。過去に付き合ったとても美人な子がいたんだけど、それがバカでね。やっぱり知性があったほうがいいでしょ。それから、きれいで賢くても、まったく料理ができない子もいたけど、ちょっとねぇー。勘弁してほしいというか……。やっぱり、台所での立ち姿が様になっていて、次から次へと手料理が出てきたりしたら、いいよねぇー。今の時代、女性に家庭に入ってほしい、なんて言ったら、奥田さんみたいなキャリアウーマンにバッシングされるのかもしれないけど、やっぱり家事を全うしてくれる女性がいいんですよね」

近藤さんの「女性論」はまだまだ続く。

「だいたいね、女性が、社会進出して活躍の場が広がったからなのかどうか知らないけど、『男っぽく』なってしまったんですよ。私はね、やっぱり、『女らしい』女性がいいなあ……。昔の専業主婦なんて、夫を立てて、陰で支えていたでしょ。『内助の功』ってやつ。しっかり家庭を守って、旦那の仕事に対して背中を押してくれて、それから甘えさせてもくれる、っていうのが、ほんといいなあ」

近藤さんは、成果主義の導入を味方につけて同期のなかではいち早く課長職に就き、年収は、はっきりとした金額は教えてくれなかったが、一千万円は下らないそうだ。六年前、東京・港区に3ＬＤＫのマンションを購入し、目下、一人暮らし。間取りからいって、結婚を見据えての購入だったのだろう。夕食はたいがい外食で済ませているので、それほど一人の生活には不自由していないようだ。ただ、千葉県で暮らす母親が月に一、二回上京して、掃除や洗濯をし、時には料理まで作ってくれるらしい。「台所での立ち姿が様になっている」「女らしい」女性とは、まさに母親を指すのではないか。

近藤さんが、ここまでに紹介した男性たちと決定的に異なるのは、男として「自信はある」と明言していることだ。週に二回はスポーツジムに通って体を鍛えているし、ファッションにも気を遣うなど、努力もしているようだ。

「女性に声をかけたり、逆に女性からアプローチされることも多いと思うんですが」

そう投げてみると、待ってました！　と言わんばかりに素早くボールが返ってきた。

「その気で近づいてきているなあ、って感じることはよくありますね。自慢するようで嫌なんですが、外見もいいほうだと思うし、稼いでいてお金もある。男として自信はありますよ。合コンは今でも声がかかれば行っているし、過去には取引先の偉いさんの勧めでお見合いしたことも三回ほどあるから、女性と出会う機会は多いんですけどね。でも、今は自分からは女性を追わないようになっていますね。どうしてかなあ……まあ、これだってういう女性にめぐり合わないのが大きいけど、アプローチされるのを待っていたほうが、効率がいいというか……」

「効率って？」

「こっちがちょっといいなあと思って、ちょっと、ですよ。思い切って女性に声をかけようとしても、相手がその気じゃなかったら、時間と労力の無駄でしょ。だから、待つわけだけど……。結局、寄ってくるのって、女も三十を過ぎると、『結婚、結婚、結婚……』って目力で訴えかけてくるようで、なんか怖いんですよね」

「でも、過去には何人かの女性とお付き合いされたことはありますよね」

「まあね、普通よりは多いほうじゃないかなあ。結婚を考えたこともありますよ。二十代の頃ですけどね。(子どもが)できちゃってたりしたら、結婚してたかもね。でも今はね、若い頃の勢いみたいなものはないなあ。勢いで結婚して離婚した奴も見てるしね。やっぱり感情に任せて、ってのは良くないですよ。例えば、今、三十代後半、それも四十近くの女性と出会って、すごく好きになったとしても、無理でしょ」

「どうして、無理なんですか?」

「だって、『出産適齢期』っていうのがあるでしょ。やっぱり、子どもが欲しければ、理性を働かせて、そこは『ごめんなさい』といかないとね」

出産を考えて若い女性を求める男性の話は幾度となく聞いてきたが、理性と感情まで引き合いに出して説明されたのは、初めてだった。

近藤さんの言うことは、理性的には正しいのかもしれない。が、男と女というものは、そんなに単純なものだろうか。理性的範疇《はんちゅう》を超えるからこそ、恋は燃え上がるのではないか。過去の経験を、理性的には学習していても、必ずしも次の恋愛で生かせるとは限らない。なぜなら、そこには激しい感情が働いているから。

また、誰にでも理想はあるだろうが、まずは異性と出会い、互いを少しずつ知るなかで、相手に求める条件がすべて揃っていなくても、惹かれ合い、恋へと発展していくものなのではないだろうか。当初の理想とはかけ離れた異性と交際し、結婚したケースも少なくないだろう。

そう考えると、近藤さんは相手の女性を知る前に、自分なりの理性や理論を働かせすぎて、何も心が触れ合えないまま、せっかくの「縁」を自ら閉ざしているように思える。さらに、本人が言うところの「自信」が逆に壁となって、女性と正面から向き合うことができなくなっている。それが本物の自信なのかというと、大いに疑問だが。

帰り道、日が暮れるにはまだ少し早い時刻だったが、来た時は明るく見えた六本木の街がどこか暗く、冷たく感じられた。

見えすぎちゃって

独身主義者ではないけれど、自分が求める女性に出会わないだけ。よって、「結婚できない」わけではなく、「結婚していない」だけ、と一貫して主張するのが、「白雪姫求め系」タイプの男性の特徴だ。だが、幻想的とも言える女性が現れるのを待っているわけだから、客観的に見れば「結婚できない」ことに間違いないと思うのだが。

さらに、女性に対する目が肥えすぎていたりすると、数多くの女性とは出会っていても、普通は見逃してしまいそうな、自身の理想に合わない女性の要素、つまり彼らにとっての女性の「欠点」を次々と見抜いてしまう。これもまた、困ったものだ。

「二十年近くもマーケティングをやってるとね、どんな商品が消費者の心をつかむかといった理論構築やリスク抽出の方法が身に染みているわけ。それをね、女性に対してもつい応用しちゃうんだよね。だから、合コンなんかで女の子と話していても、この子、『性格のいい男性がいいでーす』なんて言っておきながら、本当は金持ちの男性を求めているんだろ、なんて嘘をすぐに見抜いてしまう。あと、ジコチュー（自己中心的）だったり、すごい依存体質だなあ、なんてね。見えすぎちゃうっていうか……困っちゃうよね、これがまた。でも、そんじょそこらの占い師なんかより、絶対、当たるんだ。なんてったって、仕事の長年の経験が生きているんだから」

東京・渋谷駅近くの居酒屋で、友人で紹介者のスタイリストの美代ちゃん（仮名・三十三歳）と三人で、酒を酌《く》み交わしながらの取材。吉村信二さん（仮名・四十三歳）は、入荷したばかりのさんまに舌鼓を打ちながら、一杯目の中ジョッキビールをぐいっと半分ほど飲み、そう持論を展開し始めた。

友人の女性が同席しているからか、駅前であいさつを交わしてからまだ二十分も経っていないのに、以前からの知り合いのような口ぶり。でも、馴れ馴れしいというよりは、気さくな感じがした。身長は百七十七、八センチで、クリスチャン・ディオールの二十万円近くもする紺のスーツにノーネクタイで決めていた。髪の毛は整髪剤でビシッと整えたオールバック。こめかみにわずかに見え隠れする白髪も、年輪を感じさせて色っぽい。一見、ファッション業界の人かと思ったほど、おしゃれだった。

吉村さんは、五年前にマーケティングプランナーとして独立するまで、化粧品会社でブランドマネジャーを務めていた。そんな吉村さんが「結婚できない」、いや、彼いわく「結婚していない」理由の上位に挙げるのが、超美人女性との出会いの多さだ。

「広告絡みで、女優やモデルなど、いわゆる美人中の美人で、スタイルも抜群の女性としょっちゅう顔を合わせていたし、飲みに行ったりもしてたからね。長い間、普通の女性にはあまり目が行かなかったというのはあるね」

自ら誇りとする仕事の経験が災いしたということか。

吉村さんの理想の女性は、二十歳代の頃から、一に外見、二にフィーリング、三に体の相性、すなわちセックス、と決まっていた。

「外見に惹かれて、モデルの子と何人も付き合ったりしたんだけどね。少しずつ、きれいでも性格が悪かったり、結局は仕事目当てで近づいてきていたりする子がいるのに気付いて。やっぱり、外見だけじゃなくて、中身も重要だなって思ってね。三十代半ばになってからかなあ……。それから、普通の子というか、身近な周りの女性にも広く目を向けるようにはなったんだけど……。もちろん、外見が優先順位からはずれたわけではなくて、性格が、外見と同じぐらいに上がっただけなんだけどね」

同じ気付くなら、もう少し早くてもよかった気もするのだが……。しかし、華やかな業界で、通常では出会うことのないような外見の良い女性と接する機会が多いという環境が、男性の女性観に影響を与えることはやむを得ないとも言える。もともと美人志向である彼にとって、超美人女性との交際経験は、女性不信を抱くきっかけになったようだ。当初、マーケティングを女性に応用云々《うんぬん》という「理論」を聞いた時には少々違和感を抱いたが、彼の気持ちも理解できるような気がしてきた。

ドタキャンのトラウマ

「超美人論」が終わった頃、いつの間にか、吉村さんの顔は酔いで赤く染まっていた。でも、銀縁メガネの奥の切れ長の目からこちらに向けられる鋭い視線は変わらない。ほんのわずか早口になり、身振り手振りが少しオーバーになったぐらいだった。次は何を聞こうか。彼から視線をはずし、一瞬、考えをめぐらせていた時だった。

「実はね。俺、一度ドタキャンしてるんすよ。結婚をね……」

吉村さんはやや視線をテーブルに落として、そうぽつりとつぶやくと、これからの告白を前に心の準備をするかのように、残り少なくなっていたビールを飲み干し、三杯目のジョッキを注文した。

「ほんとは話すつもりはなかったんだけどね、まあ、ここまでしゃべったんだから、ついでにね……」

三十歳代半ばで理想の女性像に一部修正を加えた吉村さんに、恋愛の転機が訪れたのは、七年前。それまで、女性と付き合っても一、二ヵ月しか続かなかった彼が、交際期間半年を経て、結婚を決意したのは初めてのことだったという。

「同じ職場の、まあよくある部下ってやつで。七、八歳年下だったかな。仕事や恋愛の相談にのっているうちにね、そんな感じになって。外見もいいし、何よりフィーリングやあっちのほうも、ばっちしで……。じゃあ、ここらで決めるかって。いや、ふざけちゃいけないね。ほんと、好きだったし……で、でもねー、違ったんだよ」

「何が違ったんですか？」

「今言った通り、一応、俺の理想の条件はすべてクリアしてた。付き合っているうちは、というか、半同棲みたいなことしてから結婚を決めるまではね。でも、決まったとたん、違うじゃん、て感じで……」

「違う、というのがよく分からないんですが……」

「あまり思い出したくないんだけどね、例えば、販売戦略会議をしている真っ最中の夜十一時に、携帯に電話してきて、『胸が苦しいから、今すぐ家《うち》に来て』なんて、言ってきたりね。まあ、その時は駆けつけましたよ。会議を抜け出してね。でも、そんなことが重なって、『私と仕事とどっちが大事なの？』なんて、ヒステリックに言われちゃった日にゃ、もうダメだなあって。それで、結婚式場まで予約して招待状も郵送し始めていたのに、全部、パーよ」

「じゃあ、それからは、やはり……」

「そりゃ、そうでしょ。こんな俺だって、多少は引きずるよ。まあ、んー、つらいもんすよ」

しばしの沈黙が続き、少し暗くなった場を盛り上げようと思ってくれたのか、それまで私に気を遣って、会話には入らずただうなずいたり、笑ったりするだけだった美代ちゃんが、突然、口を開けた。

「もう、吉村さん、私のとこには招待状、届いてたんですよ。だって、私の誕生日に披露宴なんて、忘れようにも、忘れられませんよぉー」

ユーモアを交えた明るい口調だったのだが、吉村さんは、美代ちゃんの顔を見ることもなく、どこか一点を見つめていた。

言い終えた美代ちゃんが、化粧室へ席を立った。その時だった。

「実は、俺、彼女（美代ちゃん）に一度、コクって（告白して）、フラれてるんすよ。ドタキャン女と会う前だけどね。はっ、はっ、はっ……」

何だか昔のトレンディ・ドラマのような意外なエピソードがまたしても飛び出したのである。取材を始めてから一時間半近く、吉村さんは一度も席を立っていなかった。美代ちゃんがテーブルを離れるのを待っていたのかもしれない。でも、なぜ、私にわざわざそのことを伝えようとしたのか。

そういえばさっき美代ちゃんは、軽い気持ちで「偶然の一致」として話したのだろうが、披露宴の日を彼女の誕生日に合わせるというのは、それなりの思いがあったのではないか。吉村さんと美代ちゃんは仕事を通じて、十年ほど前に知り合ったと聞いた。二人の付き合いの長さに比べたら、私と美代ちゃんとの関係はまだ半年余り。かわいい妹のような存在だが、彼女の好む男性像を詳しく知るには至っていない。

吉村さんは私に何かを託そうとしているのだろうか。会ってからまだ大して時間が経っていないのに、随分赤裸々に話をしてくれたのは、もしかすると、私を介して美代ちゃんにメッセージを伝えようという戦略だったのだろうか。それとも単にオープンなだけなのか。ああでもない、こうでもない、と思考が空回りする。

美代ちゃんと入れ替わるようにして、今度は吉村さんが席を立ったので、思い切って聞いてみた。

「ねぇ、美代ちゃん、吉村さんのこと、どうなの？」

「やだぁー、祥子さん。どうって。仕事ではいろいろとお世話になってきたし、明るくて物知りで、いい人だとは思うけど……」

「だって、ここだけの話（の意味はないのだが）、彼は美代ちゃんに告白したこと、あったんでしょ」

「告白ってほどじゃ……。軽いノリですよ。本気とはとても受け止められない程度の。でもね、どっちにしても、あれだけ女性に求める条件が多くて厳しいと、正直、引いちゃいますよ。無理、無理。付き合ったとしても、縛られそうで……」

これでは吉村さんが私に〝おせっかいおばさん〟を期待していたとしても、お役には立てまい。本来の取材に戻ろう。

席に戻った吉村さんに、改めて、今求める女性像を聞いてみた。

「うーん、さっきドタキャンの話をしていて、思いついたんだけどさ。というか、たぶん、心の中では少し前から感じてたんだと思うんだけど……。仕事で疲れて家に帰ってきたときに、ほっと安心できる女性がいいなあー。あの、これまで話した条件にプラスして、ってことね」

吉村さんの場合は、確かに女性に求める条件は厳しすぎるが、過去には、自ら女性にアプローチして交際したり、一度は結婚を決意するなど、決して受け身一筋できたわけではない。ただ、逆に過去の女性との関係がトラウマとなって、それを省みた結果、「待ち」姿勢に転じてしまったように思える。

「べらべらしゃべり過ぎちゃったね。俺って、ほんとはシャイなの。はっ、ははは……（苦笑）」

帰り際、吉村さんはそう、冗談っぽく言ったが、彼がシャイなのは本当だろう。あんなに、あえて明るく快活に話してくれた彼の後ろ姿が、酔ったせいもあったのだろうが、寂しそうに見えた。

「できない」のはその心

結婚したい未婚男性たちが結婚できなくなっている背景について、社会や周辺環境の変化にも一応、目を向けてみたい。

かつては、職場の〝世話好き上司〟が、部下の男性に社内や取引先の女性を紹介することは頻繁にあったという。時空を超えてその現場を取材に行くことは不可能だが、四十歳代後半の上司から、今から二十年ほど前には、部長から「ちょっと」と手招きされ、その窓際の席まで行くと、いきなり机の引き出しから女性の身上書と写真を見せられたことが何度かあったと聞いた。

また、地域には〝お見合いおばさん〟がいて、年頃の男女をマッチングするのが、それこそ生きがいのように、世話を焼いてくれたとも聞く。

ところが、今では、上司が部下に異性を紹介しようものなら、「余計なお世話」と敬遠されかねない。まずそれ以前に、そこまでできる上司と部下の人間関係が築かれてはいないという現実もある。社員間のプライバシー尊重の考え方が浸透しているうえ、成果主義の導入で仕事の個別化が進み、「評価する側」と「評価される側」の立場が明確になるなど、職場の人間関係が希薄になっているからだ。本当はいつまでも結婚しない部下のことが気にはなっていても、直接、働きかけるのはためらわれる、という中年のサラリーマンもいるのではないか。このように人間同士のつながりが弱まり、コミュニケーションも少なくなったことは、地域においても同じことが言えるだろう。

さらに、「結婚してこそ一人前」という社会通念も薄れ、独身でいることが昇進に響いたり、世間で肩身の狭い思いをしたりするということもそうないだろう。親が、社会人になってからもわが子を同居させ、つまり「パラサイト・シングル」でいられるだけの寛容さと経済力を持ってしまっているために、その快適さを謳歌してなかなか自立できず、結婚を先延ばししているという状況もある。

と、ここまでは晩婚・非婚化の背景として、メディアでもすでに論じられてきたことだ。確かに、これらの環境の変化は、男性に限らず、未婚者が結婚できないでいることに、多少は影響を与えているだろう。だが、決して主たる原因にはなり得ないと思う。

「結婚できない」男性たちに会って感じたのは、最大の要因は、心理的要素であるということだ。ある女性を結婚相手として求める際のためらいや戸惑い、自身が思い描く理想と目の前の現実とのギャップといった、心理面に大きく影響されていると思うのである。

本章で紹介した「できない」男性たちはいずれも、現在、女性との交際に至っていないケースだが、すでに女性と付き合っているのに結婚できない男性についても、同じことが言える。収入面などの自信のなさから結婚を決断できなかったり、プロポーズしても断られるのではないかという不安や、今の恋人よりもっと理想に近い女性が現れるのではないかという甘い幻想があったりと、彼らの心が結婚への道を閉ざしているケースが多かった。

おそらく「できない」男性たちは、心理的要素以外の原因を挙げるかもしれない。「ルックスに自信がない」「経済力がない」「女性と話すのが苦手」「理想の相手に出会えない」等々。もちろん、いずれも本人たちにとっては真実なのだろう。でも、本当は彼らも分かっているはずだ。ルックスが悪くても結婚している人はいくらでもいる。お金がなくても結婚している人もいくらでもいる。口下手はマイナスばかりではない。自分の母親は「理想の結婚相手」と結ばれて、自分を産んだのだろうか。

実のところ、「モテない系」も「ビビリー系」も「白雪姫求め系」も同じ穴のムジナで、みんなどこかで傷つくのを怖がっているだけなのではないか、という気がしてしまう。

例えば、「モテない系」タイプの男性の佐藤さんが、残念ながら急速な変化の望めない、自分の低収入や（本人いわく）魅力のなさ、そして女性の理想の高さを結婚できない理由として挙げて釈明しながらも、結局は、新たな出会いに向けて、自ら積極的に行動できずに、足踏みしてしまっているように。

だから私は心理的要因が大きいと思ったのである。

女は変わったのか

女性は変わったが、男性は変わっていない――。前者は前向き、後者は後ろ向きに、それぞれとらえた男女のありようを最近、よく目にしたり、耳にしたりする。ある経済紙が購読者集めのキャッチ・コピー（「女は変わった。男はどうだ。」）に採用したぐらいだから、ある程度、世間には浸透しているということなのだろうか。しかし、この見方に触れるたびに、「ちょっと待って」とひっかかる。確かに仕事を持つ女性が増え、昔に比べて経済力をつけた点などでは、女性は変わったと言える。

表には見えにくい心理面ではどうか。

かつて、女性が結婚相手の男性に求める条件は、「高学歴、高収入、高身長」の「三高」と言われた。一九八〇年代末のバブル全盛期に登場し、流行語にもなったので、ご記憶の方も多いだろう。

それが、バブル崩壊後は、「3C」に変わったと説いたのは、心理学者の小倉千加子氏だ。「3C」とは、「Comfortable（快適な暮らしができるだけの十分な収入）」「Communicative（理解し合える、つまり自分と学歴や階層が同じか少し上）」「Cooperative（家事に進んで協力してくれる）」。もともと、専業主婦願望の強い、家事手伝いの短大卒女性や、一般職の仕事に就いている大卒女性が結婚相手に求める条件として編み出されたものだが、ネーミングのインパクトもあってか、幅広い女性の理想として広まったようだ。

さらに、どこから生み出されたかは不明だが、「三低」、つまり、「低姿勢（女性を尊重した真摯《しんし》な態度）」「低依存（家事を妻に頼らない、男女の役割分担を求めない）」「低リスク（リストラや事件・事故に巻き込まれない職種、スキルや資格を持っている）」も、女性が結婚相手に求める新たな理想らしい。

「三高」と、「3C」「三低」を比較すると、一見、女性が男性に求める条件は変わったと感じるかもしれない。だが、よくよく見比べてみると、身長の高さに目をつぶったぐらいで、男性に経済力や安定を求めている点に変わりはない。むしろ、それに加えて、家事協力や女性に対する真摯な態度など、新たな条件がプラスされているのだ。実はハードルは上がっているのである。

私の未婚の女友達のなかにも、こういった理想を掲げる女性が最近、目立つ。

「せっかく仕事も頑張ってきたし、結婚してこれまで築き上げてきたライフスタイルを崩されたくないのよねぇ。だから、私の仕事を理解してくれて、家事も分担してくれないと……。それから、仕事の『できる』男でないとね。バリバリ専門を極めている人なんかいいなあ……」

直接、「経済力」や「高収入」とは口にしないが、彼女たちのいう「できる」男とは、だいたいそういうことなのではないか。相手に求めすぎている女性だっているのだ。実際には、そのような未婚男性は少ないにもかかわらず。

女性が結婚相手に高い理想を求めている現実が、「結婚できない」男性たち、とりわけ「ビビリー系」タイプの男性の心理に与えている影響は大きいようだ。同年代の平均年収近く稼いでいても、

「もっと責任ある仕事を任されるようになって給料もアップしないと、結婚する自信はない」

「働いている女性で自分より経済力がありそうだと、相手にされなさそうで、気が引けてしまって……」

このように打ち明ける「ビビリー系」タイプの男性は多かった。

一方、男性はどうか。例えば、第4章でも触れるが、仕事一辺倒の生き方を改め、家庭を重視しようという男性は増加傾向にある。子育てに積極的にかかわりたいという、父親としての意識も高まっている。そういう点においては、男性は変わったと言える。

もちろん、世の女性たちすべてが、高い理想を男性に求めているわけではない。私の周りでも、五歳から十歳程度年下の男性と、三十歳代で結婚したケースが何件かある。彼女たちに共通しているのは、夫よりも収入が多いという点だ。

そのうちの一人の弁。

「これまで築き上げてきた自分のキャリアを崩されたくなかったら、年下の男が絶対にお勧め。女性の仕事を尊重して、家事も自分から進んでやろうという柔軟性があるのよ。年上ではありえないでしょう。同年代や年下でも二歳ぐらいまでの年齢差だったら、仕事を応援してくれるよりも、ライバル視されちゃったりするから、ダメ。確かにね、年下男には経済力とか不安な面もあるよ。でも、そこは長い目で見て、男を『育てる』覚悟じゃないとね」

さすが！　感心してしまう。

要するに、彼女たちは、相手が自分に与えてくれるメリットを見つけ出して十分に理解し、自分よりも劣る経済力を含めた彼のすべてを甘受しているのだ。そこに、男性に対しての悪い意味での依存や甘えは見受けられない。ある意味、「強い」。ただし、果たして女性たちがみんな、彼女たちのようになれるかといえば、どうか。今のところはまだ、まれなケースだと思う。

男は弱くなったのか

「結婚できない」男性たちに、話を戻そう。女性だってそうなのだから、晩婚・非婚化を男性だけのせいにしてしまうのは酷すぎる。

だが、経済力や女性に対するコミュニケーション能力の低さを、「できない」男性たち自身がマイナス要素として、考えすぎているように思う。そして、そのことをプレッシャーに感じて、男としての自信をなくし、女性にアプローチできない。「自信あり」を自任する「白雪姫求め系」タイプの男性にしても、結局は理想の女性が現れるのを待っていて、自分からは積極的に行動できないのだから、とても「自信あり」とは言えないだろう。つまり、彼らの心理、それに伴う行動が悪循環に陥っているのである。

「若い頃の『勢い』みたいなのがあればねぇ……」

「白雪姫求め系」タイプの男性がよく口にしたのが、この「勢い」や「ノリ」といった言葉だ。既婚者が多少、冗談っぽく使うのとは異なり、「できない」男性たちは本音のところでは羨望をこめて話していたようだった。結婚するにはやはりそれなりのエネルギーが必要であり、相手選びについてあれやこれやと考える理性を上回る衝動もある程度、必要だろう。

そもそも、男と女は互いのベールに包まれた神秘性に惹かれ、もっと相手のことを知りたいと思い、付き合いを深めていくものなのではないか。それが、今は互いのことを知る前から、慎重に秤《はかり》にかけ、男女がすれ違っているようだ。

社会に進出して活躍の場が広がり、以前に比べて経済力をつけた女性が「強く」なったのだとすれば、相対的に男性は「弱く」なったのかもしれない。

しかしながら、結婚相手の男性に「強さ」や「頼りがい」を求める女性は少なくない。さらに、女性は恋愛や結婚に向けた行動に積極的になったという見方がある一方で、依然として男性からのアクションを待っている女性は意外に多いのが現実なのだ。

「女性は変わったが、男性は変わっていない」「女性は強くなり、男性は弱くなった」――。

そんな風に言い切ってしまえるほど、男と女は単純ではない。

心の叫び

これまでに、五十人以上の未婚男性（プライベートで〝取材モード〟に切り替わった人を除く）に会って話を聞かせてもらった。本書で紹介したのはその一部ではあるが、決して特異なケースではない。世の「結婚できない男たち」のすべてを理解できたわけではないが、彼らに共通している心理や行動を探ることはできたと思っている。

「合コンに誘われれば行きますけど、一対一になるのはどうも苦手で……。相手が自分のことを何とも思ってなかったら嫌だから、こちらから携帯電話の番号を聞くことなんてとてもできませんよ」（公務員・三十五歳）

「僕は結婚相手の女性には、そんなに多くは望んでいないんです。ただ、清楚で品があって、穏やかで、思いやりがあって、料理が上手で、家庭を守ってくれさえすれば」（自営業・二十八歳）

「自分から女性にアプローチして、こまめに連絡したりするのって、面倒なんですよ。だから、向こうから寄ってくる中から選ぶほうが楽。まあ、そのなかに、いいのがいないということなんですけど……」（医師・四十二歳）

「一応、一年近く付き合っている彼女はいますけど、結婚ってなると、ちょっと気が重くて……。今の給料じゃ、とても養っていけないし……責任を負えないというか……」（会社員・三十歳）

「今、残ってる女性って、バリバリ働いているキャリアウーマンが多いでしょ。表面的には女らしく装ってても、気が強そうで、なんか怖いんですよね」（会社員・三十一歳）

「奥田さん、俺みたいなのに、そんなくどくどと話聞いてる暇あったら、自分の相

手、探したほうがいいんじゃないの？　それとも、男を選び過ぎてる？」（会社経営・三十七歳）

彼らの本音に驚いたし、共感し、同情したりもした。時には腹を立てることもあったし、心の奥深くにグサッと突き刺さるような言葉に傷ついたりもした。

でも、取材を重ねるごとに、そうした男性たちの悩みやつらさを実感するようになっていった。

言葉では強がりを言っていても、本当は誰かに自分のしんどさを分かってほしいのではないか。女性に対する痛烈な批判を私に浴びせることによって、少しは気持ちが楽になってくれたのだろうか。あまりネガティブな言葉を口に出さない男性たちの「心の叫び」を私は必死に受け止めようとしていたように思う。

ためらうなんてもったいない

「自分のことは棚に上げて……」。今回の取材で、この言葉を何度、口走ったことだろう。いつか「棚」から下ろさなければならない、とずっと思ってきた。

私は、はっきり言って、「モテない」し、「結婚できない」女だ。このテーマに出会ったのがきっかけで、自分自身にも目を向けるようになり、たまに男女の飲み会に誘われれば参加したりと、それまで仕事以外では出不精だった生活パターンも改めるようになって、はたと気付いた。それまでも決してモテると思っていたわけではないが、ここまでモテないとは認識していなかった。

なぜか。

取材相手にさんざん自己分析をお願いしておきながら、自分のこととなるとよく分からない。せっかくプライベートで未婚男性と会う機会があっても、「この人は『できない』男性なのか？」「男心《おとこごころ》を探る絶好のチャンス！」などと、つい、知らぬ間に〝取材モード〟に切り替わってしまっていることが多々あるのは、自他ともに認める事実だ。が、モテない原因を仕事のせいにするつもりは毛頭ない。状況から推測すると、まず男性から「引かれている」ように思う。仕事の話、それもうっかり記者としての夢でも打ち明けようものなら、男性の心は、引き潮のようにサーッと遠ざかっていくのが、ありありと分かる。

「祥子ちゃん、理想が高いって、思われてるんじゃないの」――（そんな、滅相もない）

「そういう男はきっと、自信がないのよ。無視して、次、次！」――（そは言ってもねえ……）

心優しい女友達は、そう言って慰めてくれるのだが、私は正直、ショックだ。これまで失敗を繰り返しながらも、前向きに歩んできた人生をまるで否定されたようで、落ち込んだりもする。

仕事以外で、異性とのコミュニケーションが苦手。女性としての自分に自信がない。そんな自分を変えたいと思っていても、なかなか変えられない。

だから、だからこそ、「結婚できない男たち」の思いが少しは分かるように思うのだ。

家族問題をテーマにした特集記事の取材で、ある七十歳代のベテラン女性弁護士にお会いした時のこと。取材後の雑談は現代の男女関係に及んで大いに盛り上がり、彼女は私にこんなアドバイスをくださった。

「あなた、恋愛や結婚を怖がっていたら、ダメよ。男と女は好き合って結ばれても、いつかは必ず別れるものなの。死別だったり、離別だったりね。だから、思い切って経験してみなさい。嫌になったら、別れればいいんだから。一度も結婚しない人生を送るよりも、ずっと生きがいがあるわよ」

大胆発言に少し驚いたが、なるほど、とも思った。

取材で出会った「結婚できない男たち」の多くは、男女が愛し合い、ともに生きる尊い時を経験することなく、その手前で、傷つくことが怖いなどの心理的理由で女性と正面から向き合うことをためらっていた。そんなのはとてももったいない、という気がしてくるのである。

＊1　二〇一五年国勢調査の未婚率（速報値）では、男性は三十〜三十四歳が四六・五％、三十五〜三十九歳が三四・五％、女性は三十〜三十四歳が三三・七％、三十五〜三十九歳が二三・三％となっている。
＊2　二〇一五年国勢調査の未婚率（速報値）から算出した生涯未婚率は、男性が二三・八％、女性が一三・四％で、「生涯未婚」者は男女ともに増加の一途をたどっている。生涯未婚率の算出方法は、五歳刻みの国勢調査の未婚率から、四十五〜四十九歳と五十〜五十四歳を平均したもの。
＊3、＊4　二〇一五年「第十五回出生動向基本調査」では、十八〜三十四歳の未婚男性

のうち、「交際している異性はいない」は六九・八％と、十年間で約十八ポイントも上昇した。「いずれ結婚するつもり」は男性八五・七％、女性八九・三％で、ほぼ同数値で推移している。

＊5 二〇一五年「第十五回出生動向基本調査」においても、未婚男性二十五〜三十四歳が答えた「結婚できない理由」は、「適当な相手にめぐり会わない」（四五・三％）、未婚男性十八〜三十四歳の「独身生活の利点」は、「行動や生き方が自由」（六九・七％）で、それぞれ断トツ一位だった。

＊6 二〇〇九年の「若年者の就業状況・キャリア・職業能力開発の現状」（労働政策研究・研修機構）によると、三十〜三十四歳男性で配偶者のいる割合は、正社員が五七・一％に対し、非典型（非正規）雇用のうち「派遣」が二三・八％、「パート・アルバイト」が一七・一％と、非正規が不安定な雇用状態や低い収入などから、正社員よりも結婚できにくい状況はさらに進行している。

＊7 二〇一五年の総務省「労働力調査」では、フリーターは百六十七万人、ニートは五十六万人。

＊8 現在は、中央大学教授。

＊9　男性の「第三号被保険者」は、二〇一三年度には約十一万千人で、二〇〇六年度から約一万二千人増えた。

第2章　更年期の男たち

「男にも更年期がある」

もともと、女性特有のものと思われてきた更年期障害。ところが、「男性にも更年期がある」というある医師の論文を目にしたことが、取材を始めるきっかけだった。正直にいえば、当初はそんなに深い考えがあったわけではなく、「これは面白い」という直感のようなものがあっただけである。二〇〇二年秋のことだ。週刊誌で掲載後には、予想を上回る大きな反響があった。

中年男性の読者の方たちから感想をいただいただけではなく「購入を逃したのだけど、『男の更年期障害』が載った号を手に入れられるか」といった問い合わせが、掲載から三ヵ月を過ぎても相次いだ。これは一週間、いや実質的には有力週刊誌が曜日遅れで発売になるまでの三日間が勝負の週刊誌としては異例のことだ。

なかには、「今すぐ専門外来を受診したいのだが、どこがいいか」「自分も似た症状があるのだが、やはり更年期障害なのか」といった相談の電話や手紙までいただいた。たまたま私が不在の場合には、名前と勤め先の名称、電話番号まで伝言してくださった方まで。自宅では奥さんに分かってしまうので困るのかもしれない。しかし、仕事先に「新聞社の者です」と電話してしまっていいものか。かえって困った事態を招かないのか。こちらが戸惑ったほどだ。

連絡をしてきた人たちは、これまで心身の不調を誰にも相談できず独りで悩んでいた思いを、一気に噴出させたようだった。

そもそも「男の更年期障害」とはいかなるものか。

長い間、医学界では、男性には、女性の閉経のような劇的なホルモン変化がないため、更年期障害は起こらないというのが通説だった。しかし、一九七〇年代後半から男性更年期障害に注目し、研究してきた熊本悦明・札幌医科大学名誉教授（泌尿器科）の研究では、男性ホルモンも二十歳代をピークに加齢とともに徐々に低下し、五十歳あたりを境に、幅広く見ると四十歳代半ばから六十歳代前半頃まで、男性にも女性と同じような不定愁訴などの更年期の症状が表れるという。

熊本名誉教授の説に、医療側がここ数年の間にようやく目を向け出した。そして、その日が来るのを待ちわびていたかのように、更年期の症状を訴える中年男性たちが、続々と専門医のもとを訪ね始めているのだ。

その男性更年期障害の症状とは、主に、精神症状（抑うつや不安、イライラ、疲労感など）、身体症状（発汗、ほてりや不眠、骨・関節・筋肉関連症状、記憶・集中力の低下など）、性機能症状（性欲低下や勃起障害、射精感の減退など）の三つに大別される。

「不治の病」ではないかと……

二〇〇二年当時、まだ男性更年期障害を専門に扱う医療機関はごくわずかで、それも専門外来を設けているのは、全国で四ヵ所しかなかった。取材には、患者の方々と直接会って、話を聞くことが不可欠だ。医師を頼るほか術はない。しかし、患者のプライバシー保護から、なかなか応じてくれる医師は見つからなかった。

そんななか、協力に応じてくれたのが、熊本名誉教授のもとで一九九〇年代前半から男性更年期の研究に取り組み、半年前に「男性更年期外来」を開設した泌尿器科専門の三樹会病院（札幌市）の佐藤嘉一医師だった。

「患者に声をかけてみますから、直接本人に申し込んで、了解が得られれば聞いてみてください」

そう言って、患者への取材を許可してくれた。佐藤医師自身、心身の不調に苦しみながら、どこを受診していいか分からず戸惑っている人たちに情報を発信し、そして当時まだ男性更年期障害への認識が浅かった医療側へも注意喚起を促したいという思いを、抱いていたのかもしれない。

待機場所として通されたのは、診察室に隣接した処置室の空き部屋。午前十時頃から、暖房のない（十月の札幌市内はすでに寒風が吹き付けていた）暗い処置室で取材に応じてくれる患者を待ち続けた。だが、待てど暮らせど、待ち人来たらず。隣の処置室から聞こえてくるのは、こんな中年とおぼしき女性看護師と患者のやりとりだった。

「ねえ○○さん、もっと下まで脱いでくれないと、注射できませんよ」

「えっ、脱いじゃうの！　それに注射！　ちょっと困ったなあ……」

下とはどこまでなのか。どこに注射をするのか。それまで「泌尿器科」の世界に足を踏み入れたことがなかった私は驚きつつ、気恥ずかしくなりながらも、思わずダンボの耳になってしまう。冷えた処置室で顔だけが熱くなっていくのを感じた。

そんな時、最初の患者がドアをノックして、入ってきてくれた。それが中川幸一さん（仮名・五十一歳）だった。待ち始めてから三時間近くが経過していた。

初めて男性更年期の取材をさせてくれた患者ということで、非常に印象に残っているケースであるし、またその後分かったのだが、典型的なケースでもあるので、少々長めに紹介したい。当時の取材ノートには、患者の言葉だけではなく、表情や動作なども含め、十数ページにもわたってきめ細かに記してあった。相手がゆっくりとメモを取りやすいように話してくれたせいもあるが、それだけ、心を打たれた人だったのだと思う。

「こんにちは。私で何か役に立てることがあるんでしょうか……」

中川さんは少しはにかみながら、穏やかな表情で、そう話した。

「本当にありがとうございます。ぜひとも患者の方にお話をお聞きしたいと思って、東京からやって来ました。記事で紹介することで、少しでも、更年期の症状で苦しんでいる方々にいい情報を提供できればと思っています。プライバシーにはくれぐれも配慮しますので、どうかお願いできませんでしょうか」

次の保証はないから、この人に聞けないと特集記事は成立しない。こちらのそんな思いが透けて見えたのだろうか。中川さんは取材を承諾したうえ、こんな優しい言葉をかけてくれた。

「記者さんも大変ですね。ここでずっと待ってらしたんですか。いいですよ。何でも話します」

顔の血色は良く、そこから疲れた様子はうかがえない。白髪が目立ち、やや実年齢より老《ふ》けた印象はあるものの、一見したところ、とても心身に更年期の症状を抱えているようには見えなかった。

「この病院にいらっしゃったきっかけは何だったんですか？」

「それがね、ひと言でいうのはなかなか難しいんですが……。実は、ここに来るまでに、いくつもの病院を受診してましてね。今すぐに思い出すだけでも、まず内科、次に脳神経外科でしょ、それから、心療内科に精神科。精神科だけでも二、三ヵ所回りましたね。それからしばらくは、どうしていいか分からずに、何もせずに過ごして……そうしてやっと、ここにたどり着いたんです」

いわゆる「ドクター・ショッピング」というものか。しかし中川さんの場合、自分の意思というよりは医師側に〝たらい回し〟にされた感がある。

「具体的にはどんな症状が表れたんですか？　たぶん、一つではないと思うんですが」

これから話す長い過程を口に出す前に、いったん頭の中で整理していたのだろうか。中川さんはしばらく間を置いて、目を閉じて、また開けてという動作を二、三回繰り返した後、ゆっくりとこう語り始めた。

「最初はね、胃が重たくて、全身がだるいし、動悸や息切れもしましてね。仕事が大変忙しかったんで、ストレスからきているのかなあ、と軽い気持ちで考えてたんですが……。二ヵ月以上も症状が続いて、めまいや睡眠障害まで出てきて、仕事に支障が出るようになったもので、近所の内科の開業医のところに行ったんです。診断は、『ストレスからくる疲労だろうが、念のため、総合病院で検査をしたほうがいい』と。次に、その総合病院でまた消化器内科から始まって、脳神経外科、耳鼻科、循環器内科と、ほんと、いろいろと回ってたくさんの検査をしました。でも、どれも『異常なし』なんです。まあ、胃薬やビタミン剤などは処方されましたけど、症状はいっこうに改善されなくて……それで、心のほうの病院に……」

たぶん、誰しも心療内科や精神科を受診するには、ある程度の勇気がいるのではないか。その段になると、中川さんの話すテンポが、なおいっそう遅くなった。事実関係に間違いがないよう、自身の記憶をたどりながら丁寧に話してくれる中川さんからは、真面目な人柄がひしひしと伝わってくる。

「心療内科と精神科ですね」

「ええ、本当は行きにくかったんですが、以前かかったことのある友人のアドバイスもありましてね。最初の心療内科では、睡眠導入剤をもらったぐらいで、要はまた『ストレスのせいでしょう』ってことで。でも、それでも症状は治らない。次に行った精神科でも同じようなことを言われたんですが、最後に受診した別の精神科では、とうとう『うつ状態』と言われてしまいました。ショックでしたね。それで、抗うつ薬と抗不安薬を処方されて……確かに、イライラなんかは少しはましになっていったんですが、それ以外の体の症状はまったく良くなっていないわけです。それで……」

「さっき、しばらくどうしていいか分からなかったって、おっしゃっていましたね」

「だって、さまざまな検査をして、どこも悪くないと言われて、病気を治すはずの薬も効かない。〝不治の病〟じゃないかと、かなり落ち込みました」

中川さんは一級建築士として、三十年近く、住宅や事務所などさまざまな建築設計に携わってきた。十数年前に独立してからは、不動産会社などの下請けの仕事をしてきたが、バブル崩壊後は、取引先企業の業績悪化や倒産などで、受注額が激減し、少ない報酬でも無理して数をこなすことで、何とか乗り切ってきた。その過程で、心身へのダメージ、特に精神面への影響は大きかったようだ。

精神科に最後にかかってから二、三ヵ月は、何も治療をせず、症状は悪化の一途をたどっていた。しかしある時、インターネットで、「男性更年期」という言葉に目が留まる。そして、ようやく三樹会病院にたどり着いた。最初に近所の内科を受診してから、半年以上経っていた。

同病院で検査したところ、男性ホルモンの量が低下していることが分かり、医師からは「男性更年期障害」との診断が下された。以来、二週間に一回通院して、男性ホルモンを注射するホルモン補充療法を受けることになった。取材した時は、治療を始めてから四ヵ月目だった。

「わらにもすがる思いで、受診したこの病院で、男性更年期障害と診断されたことで、だから治療を続ければ治るんだ、と思えるようになって、それで初めて、病と前向きに付き合えるようになりました。まだ少し夜寝にくいといった症状は残っていますが、全身の疲労感や不安感はなくなって、仕事にも集中できるようになりました。少しずつ、でも着実に、いい方向に向かっています」

中川さんの顔は、途中「ドクター・ショッピング」の話をしていた時とは打って変わり、生き生きとして、わずかに紅潮しているように見えた。

おそらく、これまで男性にも更年期障害があるという発想がなかっただけに（今でも決して広く浸透しているわけではないが）、中川さんは仕事関係者はもちろんのこと、家族にさえもそのつらさを打ち明けられず、さらには「ドクター・ショッピング」までするこことになってしまった。不治の病ではないかと落ち込むに至るほど、相当苦しんだのだと思う。つかみどころのなかったつらさを、その年代特有の「病」としてとらえることで前向きな気持ちになれたという心理面の変化は、きっと症状の改善にも良い影響を与えたのだろう。

男の駆け込み寺

中川さんがそうであったように、男性更年期の専門外来や、専門窓口を設けていないまでも、男性更年期障害に取り組む専門医のもとを訪ねる患者は、それまでにいくつもの病院を回ってきたという人が今でも多い。最終的に専門外来に駆け込まざるをえないという状況である。

その背景には、当時は男性更年期障害に対する臨床がまだ始まってから日が浅いというえに、症状が精神、身体、性機能と多岐にわたるだけに、専門領域を越えた連携が難しいという問題がある。

「ホルモン補充療法は確かにある程度の効果はありますが、効かない患者にはどんな治療が必要なのか、またどんな副作用があるのかなど、これから臨床を重ねながら研究していかなければならない点はたくさんあります。例えば、泌尿器科が専門の私が、精神症状の強い患者さんをどこまでカバーできるかというと限界もある。やはり、各診療科が協力して多面的に診断し、治療していく必要があると思いますね」

佐藤医師は、そう課題を指摘した。こういう新たな医療分野の取材では、治療の成果だけを強調して、記者が痺れを切らして最後に質問するまでは、問題点や今後の課題を口に出してくれない医師もいる。しかし、佐藤医師は、あまり感情を表に出さずに淡々と、ただしっかりとこちらを見据えながら、課題を一つひとつ紡ぎ出すように、説明してくれた。その後の医療側の取り組みについては、後ほど述べたい。

昔「ぜいたく病」、今「更年期」

取材が進むにつれ、素朴な疑問がわいてきた。男性更年期障害の専門医たちは、症状が表れる要因の一つとして、「この年代特有のストレスがある」と口を揃えて言う。確かに現代社会でストレスに苦しむ働き盛りの中年男性は多いだろう。しかし昔と比べて、ストレスが急激に増加したとは考えにくい。なぜ、今、なのか。

その疑問に答えてくれたのが、この章の冒頭で紹介した男性更年期障害研究の先駆者である、熊本悦明・札幌医科大学名誉教授だった。東京大学医学部を卒業後、同大医学部講師を経て、一九六八年から札幌医科大学教授を務め、九五年に退官後も、泌尿器科学を中心に、エイズ、性感染症学などの分野で精力的に活動している。熊本名誉教授によれば、男性更年期障害は今に始まった症状ではない、というのだ。

「男性にはね、実は昔から、男性更年期の症状はあったし、苦しんではきたんですよ。でもね、そんな症状は、いわゆる『ぜいたく病』のように思われていたんですねえー」

熊本名誉教授は、とても七十歳代後半には見えない。肌はツルツルで表情も生き生きしている。

「戦後の医療というのは、まず、生命にかかわる、がんなどの重い病気の診断、治療に重点が置かれてきましたからね。まあ、今だって、優先順位としてそれが当たり前と言えば当たり前なんですがね。だから、長い間、男性の更年期障害への医学的なアプローチがされてこなかったんですよ。私が昭和五十四年（一九七九年）に、日本医学会総会で男性更年期障害についての報告を行った頃なんか、なんの反応もなくてね。参加者はみんな、『変なこと、言うなあ』ぐらいにしか思ってなかったんですから。ほんと、残念なことにねぇー」

ずっとニコニコ顔だった熊本名誉教授の表情から、この会話の最後のくだりで、一瞬、笑みが消えたように感じた。きっと、悔しかった時の気持ちが甦ったのだろう。

「じゃあ、どうして今になって、男性更年期障害が注目されるようになったんでしょうか？」

よくぞ聞いてくれた！　とばかりに、もとの笑顔に戻る。

「第一に、医療が進歩しましたね。ドクターの数も増えてきて、男性更年期障害にも取り組む余裕が出てきたのですね。第二に、高齢化社会を迎えて、ＱＯＬ（クオリティー・オブ・ライフ＝生活の質）が重視されるようになりました。これは、医療側、患者側ともに言えることですね。分かりますか？　そうして、今ようやく、研究、臨床の土俵に上がり始めたということです。本当に長い時間がかかりましたがね」

体がだるくて、手足の関節が痛む。不安が募って仕事に集中できなかったり、夜寝られなかったり……。そんな心身の不具合があっても、多くの中年男性たちはただ自分自身の内に閉じ込めて苦しむだけで、口に出すことすらできない時代があった。もし、ひと言「つらい」とでも訴えたら、「そんなのは、『ぜいたく病』だろう」と足蹴《あしげ》にされてしまうからだ。おそらく、「俺は体だけは自信がある」といった自分の思い込みや、「男は弱音を吐くな」という世間の目がプレッシャーとなって、誰かに症状を伝える以前に、男性たちに自制を促していたのではないだろうか。

それが今、中年男性たちは、心身の不調をやや戸惑いながらも、堂々と訴え出した。これまで封印してきた「痛み」を誰かに分かってもらい、治したいと、動き始めたのである。

「男性医学」の確立を

熊本名誉教授が今、力を入れているのが、「男性医学」だ。その説明はこうだ。

「これまで日本の医学界では、大きく分けて、人間医学と女性医学という発想しかなかったんですね。女性には妊娠、出産という重要な生殖機能が備わっていることもあり、産科学から始まって、女性ホルモンなどの内分泌学研究も進み、人間医学から独立した女性医学として早くに確立されたんです。ところが、男性の場合は、男性ホルモン研究が遅れたこともあって、男性更年期障害も含めた男性だけに目を向けた研究、臨床というものがなかなか行われてこなかったんですね。だから、今こそ、『男性医学』を本格的に立ち上げて、進めて行かなければならない。社会学では、女性学は早くから研究されているし、男性学もすでにありますよね。そういうのを考えると、生物学的な性差に基づいた医学というものをしっかりと究めていかなければなりませんね」

言われてみれば、「婦人科」という言葉はあるが、「男性科」という言葉は聞かない。欧米では、二十世紀前半に男性更年期障害に関する論文が発表されるなど、かなり早くから男性医学が医師たちの間で研究テーマとなってきた。性機能障害や男性更年期障害を治療する「男性科」も存在する。しかし日本では調べてみても、ほとんど見当たらなかった。想像するに、男性更年期障害で受診したいと思っても、男性生殖器の疾患も扱う泌尿器科というのはなかなか行きにくいのではないだろうか。

熊本名誉教授は、二〇〇三年九月、東京に日本臨床男性医学研究所を開き、そこに更年期、老年期男性のいろいろな症状を診る「男性外来」を設けて治療にあたっている。さらに二〇〇六年十一月には、中高年男性の臨床医学の確立を目指し、日本メンズヘルス医学会が、泌尿器科や内分泌科、高齢内科などの専門医らによって設立され、熊本名誉教授は理事長に就任した。

熊本名誉教授は、更年期を悲観的にばかりとらえる必要はない、と言う。

「更年期は人生の〝車検期〟だと考えるといいのではないでしょうか。人生八十年の時代を迎えて、更年期というのは、まだ人生の折り返し地点を少し過ぎたぐらいでしかないんですね。誰だって、何かしらのガタはきているわけですから、ここで〝定期点検〟というわけです。そして、残りの三十年ぐらいの人生を、いくつになっても、男として、女として、思う存分に生きていければ、そりゃあ、面白いんじゃないですかね」

それまでの取材活動では、社会的、文化的に形成された性差である「ジェンダー」的な視点に触れる機会が多かった私にとって、熊本名誉教授の生物学的「セックス」、医学的な「男と女」論は、大きな刺激となった。

「男性更年期」治療の現場

医療現場でも少しずつではあるが、進展が見られる。男性更年期障害の治療を行う専門外来を開設したり、専門医がいる医療機関は、今では、大学病院の泌尿器科を中心に、全国で五十ヵ所を超える（＊1）。そのなかには、まだごくわずかではあるが、心療内科や内科、漢方などの医院やクリニックも含まれている。

その一つが、二〇〇三年から「男性更年期外来」（＊2）を設けて治療にあたっている帝京大学医学部附属病院。泌尿器科の堀江重郎教授（当時）（＊3）は、前任の杏林大学医学部付属病院で二〇〇二年から男性更年期治療に携わり、これまでに二百人以上もの患者を診てきた男性更年期研究、臨床の草分けだ。

帝京大学医学部附属病院の男性更年期外来を受診した患者の主訴（主に訴える強い症状）としては、精神症状と身体症状がそれぞれ約四割、性機能症状が約二割となっているが、ほとんどがこの三つの症状が複合的に表れている。患者の年齢は四十歳代後半から六十歳代前半が大半だが、最近では三十歳代後半で受診している男性がいるなど、発症の前倒し現象も起きているらしい。

診察は、疲労感や発汗、性欲の減退など約五十項目の問診票に答えてもらい、男性ホルモン量を検査し、前立腺に異常がないかを調べる。その結果を踏まえ、男性ホルモンが一定以上低下している場合について、男性更年期障害と診断し、治療に進む。同外来の特徴としては、より効果的な治療方法を決めるために、希望者に通常のホルモン検査に加えて、排尿や性機能の状態などを詳しく調べる「男性ドック」を一泊二日で実施していることだ。

治療については、低下した男性ホルモンを注射で補うホルモン補充療法を中心に、患者の症状に応じて、抗うつ薬や漢方薬、勃起障害（ＥＤ）治療薬を処方している（＊４）。ホルモン補充療法を受けた患者のうち、七割程度に症状が改善する効果が出ている。二週間に一回のホルモン補充を始めてから、だいたい二、三ヵ月で改善傾向が見られ、半年から一年ぐらいで回復する人が多いという。

ただ、ホルモン補充療法は、前立腺がんや睡眠時無呼吸症候群を患っている場合には行えないほか、前立腺肥大症の場合も悪化させる危険があるため、行えない場合が多い。さらに、臨床が進むにつれ、ホルモン補充によって多血症や肝機能障害などの副作用が起きる可能性があることも分かってきている。

堀江教授はこう話す。

「泌尿器科の医師の間で男性更年期障害への認識が高まり、情報交換しながら、診断や治療の技術を磨いていけるということは、非常にプラスだと思っているんですよ。それには、マスコミを通じて情報が広がったということも大きいと思います。奥田さんの記事を手にして、受診してきた患者さんもいましたしね。でも、ホルモン補充に一定の効果があることは実証できたものの、それが効かない患者にはどう治療していけばいいのかなど、実際のところはまだこれから、という感じです。ほかの診療科の医師との連携もね。特に精神科や心療内科サイドでは、「男性更年期障害という症状自体を認めている人は、とても少ないんじゃないですかね」

残念ながら、診療科を越えた医療の連携という点では、二〇〇二年の段階からそれほど進んでいないようにも思える。男性更年期障害の治療にあたる泌尿器科の医師の多くが精神科、心療内科医たちの同障害に対する認識の低さを指摘している。もっともこれに対しては、心の病を専門に扱う医師側にも言い分がある。

東京都心でクリニック院長を務める、ある精神科医の主張はこうだ。

「男性更年期という言葉に引き寄せられて、真っ先に泌尿器科内の専門外来などを受診した患者のなかには、本当は深刻なうつ病で、精神疾患の専門医の治療が必要な男性も含まれていると思います。心の病は専門外である泌尿器科医が、抗うつ薬など精神科領域の投薬治療などにあたるというのは、どうも納得できませんね」

大学病院のなかには、帝京大学医学部附属病院などのように、泌尿器科と心療内科などの医師が連携して男性更年期障害の臨床にあたっているところもある。その場合は、問題はないだろう。しかし、現状では、泌尿器科医が独自の診断で抗うつ薬を処方したり、逆にほんのわずかではあるが、心療内科医が男性ホルモン補充療法を行ったりしているケースもある。いずれも、専門外の治療を行っているという点では、決して好ましいことではないだろう。

ところで、取材を続けるうちに、思いもしない事実にぶつかった。男性更年期障害の認識が広まるにつれ、本来は老年期の病気であるにもかかわらず、自ら更年期障害ではないかと思い込み、更年期外来を受診する七十歳代の男性が現れているというのである。

老化に対抗し、少しでも若くありたいと願う「アンチエイジング」の意識の高まりからなのだろうか。アンチエイジングというと、それこそ女性の〝専売特許〟のように思っていたが、男性にもその欲求はあるということに気付かされた。それも、女性がどちらかというと美容など外見に関しての意識であるのに対して、男性は性機能が重要な位置を占めているということを。

なぜ泌尿器科か

そもそも、なぜ、泌尿器科の医師たちが最初に男性更年期障害に着目し、臨床、研究に取り組むようになったのか。先に熊本名誉教授が説明してくれたように、ＱＯＬを重視した医学的アプローチという点はもちろん重要だが、実は、医師たちが医療現場で感じた疑問が出発点になっている。

それは、泌尿器科が専門に扱うＥＤなどの性機能症状と、うつ症状など精神症状との関連性だった。取材した泌尿器科の医師の大半が、日々の診察で、性機能障害を訴える患者のうち、かなり高い割合でうつ症状を併発していたことが、男性更年期障害に関心を持つきっかけになったと話していた。そうして男性ホルモン量が減ると、性機能障害だけでなく、精神症状が起こることが、少しずつ解明されてきたのだ。

この男性ホルモン低下の大きな引き金の一つと考えられているのが、ストレスだ。

ストレスは、男性ホルモンのバランスに悪影響を与えるとされる。

その意味で、最初に紹介した中川さんに対して医師が「ストレスが原因でしょう」と言ったのは完全な間違いとはいえない。ただし、そこで片付けられてしまっては、何の治療にもつながらないということだ。ストレスが性機能障害を引き起こし、性機能低下が男性としての自信を喪失させるなどして、精神的な症状を招く。ストレスが高じて精神症状を発症すると、性機能が低下する。性機能と心の症状のどちらが先かは、ニワトリとタマゴのような話になるが、男性更年期障害で性機能の問題という要素が大きいことだけは確かである。

もっとも、そういう理屈が分かっていることと、取材とは別問題で、初期の患者取材では、性機能症状について十分に聞き出すことができていなかったと思う。「性欲はありますか?」「勃起状態はどうですか?」などと露骨に聞くのは、さすがに恥ずかしく、ためらわれた。かといって、そのことについてあえて患者自らが口にすることは、ほとんどなかったのだ。

「立たない」つらさ

しかし、恥ずかしがってばかりもいられない。そんなわけで、二〇〇六年秋に取材した山下篤志さん（仮名・四十七歳）には、そのあたりも聞くようにした。

東京都内の男性更年期障害を専門に扱う、あるクリニック。平日の夜七時半過ぎ、医師から指定された診察室のドアをゆっくりと開けると、そこに紺色のスーツ姿の山下さんが一人、椅子に腰掛けて待っていてくれた。痩せ気味で、仕事帰りのためもあるが、少し疲れている感じがした。

「お疲れのところ、すみません。先生から取材の趣旨はお聞きになっているかと思いますが……」

改めて説明しようとすると、山下さんはこう語り始めた。

「ええ、もう聞いてますので、説明はいいですよ。いろいろあったんで、しっかりと話せるかどうか分かりませんが、一応、自分なりにまとめてきましたので。まず、症状が出始めたきっかけからお話ししましょう」

こちらが聞きづらそうにしている雰囲気を感じ取ってくれたのか、あえて明るく、またビジネス口調のように淡々と、その話は始まった。

「自分では、まず仕事が原因じゃないかと思っています。私は医薬品メーカーであるプロジェクトのリーダーを務めていたんですが、業務縮小、いわゆるリストラで、進行途中のプロジェクトを閉じる役目を一手に任されましてね。まあ、仕事の事務的な処理自体は何とかやるしかない、という気構えで取り掛かったんですが……途中で、人のほうの処理まで命令されて。つまり、〝首切り〟です。それも自分の部下を。一ヵ月以内に、人選せよと……」

もともと、社内の人間関係がうまくいっていたわけではなかった。激務に加え、部下のリストラまでしなければならなくなったことで、精神的にまいってしまったという。

「それまでも三ヵ月以上、土日の休みもなく、夜中まで仕事をしていて体力的には相当疲れていたんですが、首切りはとても無理だと。精根尽き果てたんです。仕事をやる気がまったくなくなってしまって、夜眠れないし、朝起きられない。何度かは無理して電車に乗ったんですが、最後のほうでは……実は、山手線の駅で電車を待っている時に思わず、『飛び込んでしまおうか』っていう衝動にかられてしまいまして……。これはまずいと思って、自宅に引き返しました。結局、それから二ヵ月間の出社拒否です」

山下さんはそう一気に話すと、天を仰ぎ、しばらく押し黙ってしまった。重苦しい話に、下手な合いの手も入れられずに黙っていると、山下さんは改めて意を決するように、こう続けた。

「すぐに精神科に行って……心配した家内も、ついてきてくれたんですが……。軽度のうつ病と診断され、抗うつ薬や精神安定剤をもらって、一、二週間は少しは落ち着いていた感じはしたんです。ところが、薬の副作用なのか、昼間でも眠くて眠くて、ぼぉーとしたような感じで。二日間、ほとんど食事もせずに、寝続けていた時もありました。そうなると、またいっそう不安が募ってくるんです。もう一生、仕事には復帰できないんじゃないかと。それから、あのー、ちょっと言いにくいんですが……性的欲求がまったくわかなくなってしまいまして……ある朝、起きた時に立たないことに気付いたんです。あれがね。とてもショックでした。ほんと、愕然としましたね」

山下さんの目がかすかに潤んでいるように見える。

起きた時に立たない、それで愕然としたという心理は私にはいまいち分からなかった。言葉から推測するに、かなりの衝撃だったことは間違いない。ここでさらに聞いてみるしかない。

「あのー、私は女性なので、よく分からない部分もあって、失礼だとは思うのですが……朝『立たない』というのは、そんなに……」

「そりゃ、そうですよ。少なくとも私は、それまで、そっちのほうは元気で、自信もありましたしね。セックスに関しては、積極的なほうだったと思いますし……まあ、家内とは、もうね……。それなのに、もう通用しないのか、って考えると、それはもう、つらくてつらくて、さらに精神症状を悪化させたんだと思います」

この時点では、「家内とは」のくだりは、それほど気にも留めていなかった。それよりも、性機能の低下がそこまで男性を追い詰めるのか、と感心する気持ちのほうが大きかった。

結局、山下さんは精神科への通院を続けながら、複数の薬で症状を散らしていたが、何とか二ヵ月後に出社した際には、辞職願を手にしていた。しかし、上司は受け取らず、子会社への出向を命ぜられた。今では、辞職願を提出すること自体、病気の影響を受けた衝動的な行動だったと思っている。当時、高校一年生を筆頭に、中学一年生、小学五年生の子ども三人を抱え、とても仕事を辞めることなどできない。出向命令を受け入れた。

しかし、無理して早めに仕事に復帰したせいもあったのか、心身の症状はいっこうに快方には向かわない。苦しみを押し殺して会社に通っていたある時、ふと立ち寄った書店で、男性更年期について書かれた本が目に入った。そうして、専門クリニックの門を叩いたのだ。うつ症状が表れてから、四ヵ月近くを経た頃だった。

男性更年期障害の診断が下り、男性ホルモン補充療法を受け始めると、みるみるうちに症状は回復し、三ヵ月後には、最初は処方してもらっていた抗うつ薬や精神安定剤も必要なくなった。通院五ヵ月目になる取材時にはほとんど自覚症状はなく、症状がぶり返さないようにと、ホルモン補充を続けている程度。そして、一番の気がかりだった「そっちのほう」はというと――。

「ちょうどクリニックに通い始めてから二ヵ月過ぎたあたりでしょうか。性欲もわいてきて、週刊誌の女性ヌードにも反応するようになりましてね。もちろん、朝もしっかりと立つようになりました！　それで、実際にやってみようという気になりまして……。でも、しばらくご無沙汰だったから、ちょっと心配もあって……それで、先生に頼んで、バイアグラを出してもらったんです。そうしたら、うまくいきましてね。うれしかったです!!　なんか、自信がまた戻ってきたようで。でもね、薬を使ってやったのはたったの一回だけでして。それからは、なしで大丈夫なんですよ――」

当初のビジネス口調は嘘のよう。瞳を輝かせながらその喜びを精一杯あらわにし、まるで百点満点を取った少年が自慢話を母親に聞かせるように、はつらつとした表情だった。まだまだ、話は続く。

「彼女とね」

……？

「あんな症状が出てから、随分、会ってなかったんですけど、思いっ切りできて、ほんとよかったです！　ほんとに。彼女も満足してくれたようで。それからは、頻繁に会っているんですよ」

「あのー、彼女って？」

「あれっ、さっき言いませんでしたっけ。家内とは、二年以上もセックスレスなんです。会社が傾くまで、私は順風満帆にきてましたからね。その分、家内もショックだったようで、私だって家内に合わせる顔がないというか……それであまり会話もなくなってしまって、そっちのほうもね……。まあ、子育てやら家事やら、家庭のことはしっかりとやってくれているし、いい妻で母親であると思うんですが、もう『女』としては見られないというか……」

山下さんが、ある朝感じたのと同じように、私は愕然とし、また唖然とした。自分の体調を心配して、精神科の病院に付き添いまでしてくれた奥さんではないか。不況によるリストラのために、職場で抱え込んでしまったストレス。それでも、女房、子どもを養っていかなければならないストレス。そのことが少なからず影響して、夫婦間に吹いたすきま風。それを受け入れる際のストレス。山下さんの抱えていたストレスの何と多いことか。きっと大変だっただろう。

でも、だからといって……。踏み込んだことまで話してくださったことをありがたいと心から感謝するとともに、どこかやるせない思いがした。

更年期を夫婦で

更年期障害が女性だけではなく、男性にも起こるのであれば、ともに更年期を迎えた夫婦が協力して心身の苦しみを乗り越えていければ、こんなにいいことはないだろう。実際に、男性更年期障害で受診する男性に、妻同伴での診察を原則としている医師もいる。循環器内科の専門医で、心療内科医でもある石蔵文信・大阪大学大学院医学系研究科准教授（当時）（＊5）は二〇〇一年に「男性更年期外来」を大阪市内の病院に開設。男性ホルモン補充療法は行わず、診察時に患者本人だけではなく、妻からも話をじっくり聞くという心療内科的な「スロー・セラピー」を実践し、一定の効果が上がっているという。

「中年男性が抱えるストレスには、夫婦関係など家庭が原因となっているケースが多いんですよ。だから、奥さんから見た旦那さんの症状や、ストレスのきっかけについても、話してもらうんです。だいたい、男性は自分一人で悩みをためこんで、気持ちを打ち明けるのが下手やし、症状を過小に説明する傾向がありますからね。一回の診察で三、四十分かけていろいろと話を聞いているうちに、奥さん自身も、実は夫の態度に悩んで、ストレスをためてたりね。そんな場合は、旦那さんを検査に行かせて、今度は奥さんの診察ですわ。夫婦ともにまず心を開いて、すっきりしてもらう。これが更年期の症状を改善させる第一歩やと思っているんです」

そう説明する石蔵准教授は、自殺予防の観点から、うつ病など精神疾患の診断、治療に、精神科・心療内科医と内科医など一般医が連携して取り組む方策を考える研究会を二〇〇六年一月に発足させるなど、中高年、特に男性の心身の苦しみの軽減に精力的に取り組んでいる。

この外来に五ヵ月近く夫婦で通院している、ある五十歳代前半の女性に取材したところ、こんな心温まる言葉が返ってきた。

「主人の診察に同席するようになって、一緒に生活していても、これまではあまり気付かなかった主人の心や体の『痛み』を理解できるようになったし、主人も私の更年期症状について、以前よりも気遣ってくれるようになりました。一緒に更年期を乗り切って、これからは新たな第二の人生、夫婦生活を楽しみましょう、っていつも主人と話しているんですよ」

更年期を迎えた夫婦がみな、こんなふうであればいいなあと思う。男性更年期障害の治療にあたる別の病院で取材した、ある六十歳代初めの男性患者の言葉が、今も印象に残っている。

「性機能が思うように働かなくなって、女房とは三年ぐらい夜の営みがなかったんですが、つい最近、二人で新婚旅行で訪れた伊豆の温泉に行って、それもわざわざ新婚旅行の時と同じ部屋までとって……そうしたら、セックスがうまくできましてね。女房も喜んでくれて……。夫婦仲も新婚当初に戻ったようで、なんかうれしいですね。治療のお陰です」

この男性のように、更年期治療が夫婦仲をよりいっそう深めるのであれば、それもまたいいなあと思う。しかし、残念ながら、現実はそう単純ではない。先に紹介した山下さんのように、相手が妻ではないというケースは珍しいものではないようなのだ。

男性更年期障害の患者にＥＤ治療薬を処方している、ある東京都内の内科医院を取材した時の帰り際、女性院長がこう漏らした。

「男性が『元気』になってくれるのはいいんだけど、待合室で待っている同伴者を見たら、とても奥さんには見えない二十代の女性だったりするのよね……。なんか、いいことをしてるんだかどうだか……」

すれ違う性

もっとも、生殖活動を終えた中高年夫婦のセックスについては、男女で意識の差があるようだ。日本性科学会「セクシュアリティ研究会」が一九九九年から二〇〇〇年にかけて、四十歳代〜七十歳代の既婚男女約千人を対象に行った調査では、「配偶者との望ましい性的関係」について、各年代を総合すると、男性は「性交渉を伴う愛情関係」（五五％）、女性は「精神的な愛情やいたわりのみ」（四〇％）が、それぞれ最も多かった。その背景には、性的欲求の有無や程度の問題に加え、加齢に伴って性機能が低下する中高年男性がいるのと同様に、中高年女性もセックス時の痛みなど不調を訴える人が少なくないという体の事情もある。

このように、中高年夫婦の間で性交渉に対する心理的、身体的なズレが生じている、と仮定して考えてみよう。男性更年期障害で性機能の衰えに悩む夫が、治療によってそちらが回復したとする。そして、そのときに夫が望む程度の性行為を、果たして、すべての妻が同じように待ち望んでいるかというと、少々疑問だ。もちろん、個人差はあり、女性だって精神的な愛情より、セックスを望む人もいるだろうが。

夫の側でも、ある程度年を取れば「枯れてきたんだなあ」と思って、注射を打ったり薬を飲んだりしてまで、下半身の完全「復活」を望まない、という中高年男性もなかにはいるだろう。

そう考えると、男性更年期をどうとらえるかは、あくまでも、個人それぞれの価値観による部分も少なくないのかもしれない。個人的には、そういう事態になったときには協力して立ち向かえるような夫婦がいいなあ、とは思う。「性交渉を伴う愛情関係」も、「精神的な愛情やいたわり」も、「婚外」に相手を求めるのではなく……。「性の問題はそんなに簡単なもんじゃない。もっと深いのだ」と言われれば、返す言葉もないのだが。

＊1　今では大学病院や総合病院、クリニックなど百三十数ヵ所に増えている。
＊2　現在の名称は、「メンズヘルス外来」。
＊3　現在は、順天堂大学医学部教授。
＊4　男性更年期障害は、二〇〇七年からカルテやレセプト（診療報酬明細書）に病名として記載できるようになった。ＥＤ治療薬の処方は保険がきかない自費診療だが、ホルモン補充療法は二〇〇九年から保険が適用されている。
＊5　現在は、大阪樟蔭女子大学教授。

第3章　相談する男たち

私は「弱虫」

机と椅子しか置いていない二畳ほどの個室。ドアをノックして入ってきたスーツ姿の五十歳代後半の男性は、ゆっくりと椅子に腰掛けると、視線を机の上に落とし、こうあいさつした。

「こんばんは。よろしくお願いします。うまく話せるかどうか分かりませんが……」

「こちらこそ。今日は暑かったですね。どうぞ、上着を脱いでください」

そう言って、男性相談員は相談者の緊張をほぐしながら、最初の質問に入る。

「奥さんとのことについて、相談でしたね？」

「ええ、妻が、あのー、半年ほど前に突然、家を出て行きまして……。あのー、あなたとは……あなたとはもう、一緒に暮らせないと言って……ほんとに驚きました。それで、出て行ってからすぐに離婚届を送り付けてきたんですが、私が同意しなかったので、最近になって離婚調停を申し立てられてしまいまして……」

相談者は顔を伏せたまま。

「そうですか。半年前に。いきなりだったんですね。それは驚かれたでしょう。それで、その、原因は何だったとお考えですか？」

そう相談員が投げかけると、相談者は突如として顔を上げて相談員の顔をじっと見つめ、こう思いを打ち明け始めた。

「それが、いったいなぜだか、まったく分からんのです。本当なんです。三十年近くも一緒に暮らしてきて、特に妻の不満を感じたこともなかったし……。妻は自分のことを分かってくれていると、ずっと思っていたんです。それなのに……そんなー。いったい、私の何がいけなかったっていうんですか！」

会話の途中から声は次第に大きくなり、相談員に疑問、さらには自身の怒りをぶちまけていた。

「まあ、落ち着いてください。少しずつ、考えていきましょうね。奥さんは、家を出て行く時に、何かほかにおっしゃっていませんでしたか？」

相談者は心を静めようと努めながらも、なかなか次の言葉を紡ぎ出すことができない。

しばしの沈黙。

「奥さんが自分の思いをあなたに伝えませんでしたか？」

「確か、『あなたは私のことなんか、何も分かってくれていない』とか……だから、そのこと自体、私にはまるで身に覚えのないことで……妻の頭が突然、おかしくなってしまったんじゃないかとも思いました。ああー、もおー」

相談者はそう、やるせない思いを表した後、おもむろにビジネスバッグからA４判の紙一枚を取り出した。そこには、妻との出会いから結婚、そして長女、長男の誕生、進学、就職、さらに、自身の職場での係長、課長、部長への昇進——と、自分と家族との「歴史」が、小さな文字でびっしりとワープロ打ちされていた。

「ご丁寧にありがとうございます。奥さんとの三十年の間にはいろんなことがあったんですね。でも、無事、お子さんも就職されて、ご自身のお仕事も順調なようじゃないですか」

その相談員の言葉に、「もっともだ」というように大きくうなずいた後、相談者はようやく、自分が今、最も強く感じている気持ちをあらわにする。

「だから……だから、つらくて悩んでいるんですよ。とても困っているんです。こんなことを相談しにきている私なんか、ほんと、『弱虫』ですね。強いわけ、ないです」

「決して弱虫なんかじゃないですよ。勇気を出して、ここまで来てくれたんじゃないですか」

相談員はそう優しく言葉をかけるが、相談者はいっこうに受け付けようとしない――。

男性相談事業

これは、ある自治体の男女共同参画センターが行っている「男性相談」の模様を取材をもとに再現したものだ。「男女共同参画センター」は、以前は「女性センター」の名称で世の女性たちに親しまれていた、自治体のいわゆる女性支援施設。今ではほとんどが「男女共同参画センター」という看板になっている。

女性を支援するのが本来の目的であるはずのセンターで、「男性相談」事業が行われ始めている。その〝ちぐはぐさ〟に興味を惹かれ、取材を始めた。二〇〇三年初めのことだ。

しかし、取材を進めるうちに、「相談する」という行動に出る男性たちの多くが、その心に男性特有の深刻な問題を抱えていることが分かってきた。

「相談」というと、自分が抱えている悩みについて、その原因を探り、アドバイスをもらうということが主な内容と思いがちだが、ここで紹介したケースのようにほとんどの場合、初回では三十分程度の相談の間、相談者の男性が自分の本心を吐露するまでで終わってしまうことが多いらしい。もちろん、相談者本人が悩みの原因を自覚していない場合も多いため、最初は悩みを引き起こした状況を聞き出すこと自体が難しいということはあるのだが。

そもそも、男性は誰かに悩みを打ち明けたり、相談したりすることが苦手と言えるだろう。

「男性はつらさや苦しみを自分で背負い込み、独りで解決しなければならないと思ってきた。誰かに助けを求めるという考えもない。だから、悩みを誰にも相談してこなかったし、そんな相手もいない」

それまで何人かの社会学者から、そう聞いてきた。

私の周りでも、男同士や女性を交えて飲みに行ったりして、そこそこ交流しているようではあっても、こと深刻な問題に至ると、とても心を開いているようには見えない、と思える男性が多かった。男性の友人何人かに、

「仕事や家庭の悩みって、職場の人や奥さんに相談したりするの？」

「彼女との関係がうまくいってなかったりしたら、友人にアドバイスをもらったりする？」

と聞いても、NOとの答えが大半。対する女性はどうか。少なくとも、私の知る限りでは、既婚女性は夫の浮気話を打ち明けて、怒りや悲しみを堂々とあらわにするし、独身女性なら、片思いの男性が振り向いてくれない切なさをとうとうと語り続ける。男と女は違う、と感じてきた。

そんな、相談することが苦手な男性たちが、それも見ず知らず（だからいい、ということは取材を進めるなかで知るのだが）の相談員に、自身のしんどさを打ち明け始めているという。そして、その悩みの背景には、旧態依然とした「男らしさ」という概念があることが分かってきたのである。

ホットライン

自治体の男女共同参画センターが始める以前から、電話による男性相談を行ってきたのが、『男』悩みのホットライン」だ。一九九五年に大阪市内で開設され、男性による男性のための相談としては、パイオニア的な存在。ある男女共同参画センターの

「男性相談」に一部のメンバーを派遣するなど、そのノウハウや実績は自治体からも頼りにされている。

妻や恋人に対する暴力をやめたいのに、やめられない男性たちをサポートしたいという思いから、カウンセリングなどは未経験の有志数人で「ホットライン」はスタートした。今でこそ、ドメスティック・バイオレンス（DV）は社会問題化し、その対策として、DVの被害者女性の保護に加え、加害者男性の更生にも目が向けられようとしているが、開設当時は配偶者からの暴力の防止及び被害者の保護等に関する法律（DV防止法）が施行される六年も前のこと。実際に相談を開始してみると、DVだけではなく、自身の生き方や家庭、職場など、さまざまな場面、人間関係で男性たちが悩みを抱えていることが明らかになってきたのだ。

相談員たちはボランティアで、臨床心理士のもとで一定期間、研修を受けた後、電話相談を交代で担当している。二〇〇七年現在、十三人いる相談員の内訳は、二十歳代から五十歳代までと年齢も幅広ければ、職業も会社員や公務員、教員、自営業者、大学院生など、さまざま。毎月第一、第二、第三月曜日の三回、午後七時から二時間、電話相談を無料で実施している。当初は月二回のペースだったが、相談件数が増え始めた二〇〇三年からは月三回に増やした。

これまで「ホットライン」に寄せられた相談総数は、二〇〇七年六月末現在で千四百二十八件に上る。平均すると一回あたり四件だが、やりとりが長い場合は一人の相談者だけで一時間以上、費やすこともあるそうだ。

これまでに電話をかけてきた相談者は、三十歳代を中心に、下は中高生から、上は八十歳近くのお年寄りまでと、かなり幅広い。最近では、四十歳代、五十歳代が増加傾向にあるという。

相談の内容は、「性（セクシャリティ）」に関する悩みが四〇％と最も多く、次いで、「夫婦間の問題（性・DVに関係するものを除く）」「自分の生き方や性格」「DV」がそれぞれ、ほぼ同じ割合（一二〜一四％）で並んでいる。

「性」については、自身の性器の大きさや形状に関するものから、セクシャル・ハラスメント（性的嫌がらせ）、性行為まで、多岐にわたる。セクハラというと、社会では異性間で起こるという認識が一般的だが、「ホットライン」に寄せられる相談では、ほとんどが男性同士の間の問題だそうだ。

妻が分からない

性に次いで相談件数が多く、近年増えている、夫婦間の問題も深刻だ。この章の冒頭でも紹介したが、問題が明るみに出るきっかけは、妻が家を出て行ったり、離婚を一方的に申し出てきたり、といった事例が多いが、相談者の男性がよく口にするのが次の言葉だ。

「妻が自分のことを理解してくれない」

妻の態度を嘆く一方で、

「自分の思いを妻にどう伝えていいのか分からない」「妻が何を考えているのか分からない」

と、自分から妻の心を知る術を心得ていないことに悩んでいる。このような妻とのコミュニケーション不足の要因に、旧態依然とした「男らしさ」が絡んでいることが多いという。

また、自分の生き方や性格に関する問題も複雑だ。

「職場で競争に打ち勝って昇進したいが、順調に行かず、とても困っている」

「女性には自分を敬い、後ろからついてきてもらいたいのに、恋人は自己主張が強くてどうすればいいか……」

このように「男らしく」あろうという気持ちから生まれる悩みを持つ相談者もいれば、逆に、こんなパターンもある。

「本当は周りとの競争をやめたいが、周りが許してくれないので、つらい」

「男性にいつもリードを求める女性が多いのに違和感を抱いて、うまく女性と付き合えない」

DVについては、こんな相談が。

「夫婦げんかでつい、妻に手を上げてしまう。暴力をなんとかやめたいがどうすればいいのか」

「妻に自分のやっていることはDVだと言われたが、自分はそう思えない」

「新聞や雑誌を読んでいて、自分はDVの加害者なのではないかと思った」――。

DVは決して許される行為ではない。ただ、相談者たちの間には認識の度合いに差はあるものの、いずれのケースもDVは悪いことであることを認識したうえで、もし自分がその加害者なのであれば、暴力をやめたいと願っているという。だからこそ、悩み、相談してくるのだろう。

最近では、わずかではあるが、DV被害者の男性からの相談もある。

「男らしさ」の呪縛

「ホットライン」代表の濱田智崇さん（当時三十四歳）によると、夫婦や生き方について相談してくる男性に共通しているのが、何らかのかたちで、伝統的な「男らしさ」に悩まされているということだ。

「男は、『稼いで妻子を養い、守らなければならない』『弱音を吐いてはいけない』『感情を表に出さずに黙っているもの』といった旧来の男らしさを強く感じ、それを実行してきた男性が、例えば、リストラされたりして、本来の男の役目を果たせなくなって自信を失い、妻と正面から向き合うことができなくなる。もともと妻に気持ちを伝えてこなかったために、夫婦の意思疎通が図れず、突然家を出ていった妻のことがまったく理解できずに苦しむ。逆に、男は『勝負に勝たなければならない』という男らしさの考えに従って、職場でポジション争いに挑むのが嫌で悩んだり、『女性との関係において主導権を握らなければならない』のに、恋人との関係ではそうできないし、したくない、と戸惑ったり……。悩みの背景には、男らしさが必ずといっていいほどあるんです」

濱田さんは「ホットライン」創設メンバーで、スタート当時はまだ京都大学の学生だった。現在は甲南大学人間科学研究所の研究員（当時）（＊1）、臨床心理士として、仕事でもカウンセリングにかかわっている。

「男は妻子を養わなければならない」「男は弱音を吐かない」といった、伝統的な「男らしさ」へのこだわりやその呪縛は、先の章「結婚できない男たち」「更年期の男たち」の取材の際にも頻繁に見られた。例えば、「結婚できない」男性で、「男はこうあるべき」という「男らしさ」の概念に囚われている人ほど、女性との関係において自信をなくしていたように思う。

濱田さんのように、さまざまな悩みに日々接している専門家からそのような分析を聞くと、改めてその根深さに気付かされる。旧来の「男らしさ」を追求して実践したいと願う男性、その抑圧から逃れたいと願う男性のいずれも、悩んでいるのである。

誰かに相談したい、と思うまでに至っても、家族や友人など身近な人間には相談できない男性の心理というものが、ここまできて、ようやく理解できたような気がした。

最初に取材してから四年以上経って初めて、濱田さん自身も、過去にその縛りに苦しめられた時期があったことを知った。

「実は……僕もね、昔、経験しているんですよ。中高一貫の男子校で寮生活を送っていたんですが、進学校ですから常にいい成績をとらなければならない。つまり学力の競争に打ち勝たなければならない。それは、まあ、覚悟して入学したわけですから、仕方がないんですが。でも……体を鍛えようと思って、空手部に入ったんですが、そこで嫌というぐらい男らしくあることを求められましてね。練習の間だけじゃなくて、夜中に先輩に叩き起こされて、『お前は練習ですぐにくじけて、男らしくない。もっと強くなれ！』なんて、活を入れられたり……。はっきり言って、違和感を抱いたし、自分はそうはなれないと思いました。ということは、これからの人生、うまく生きていけるのかなあと、不安にもなりましたね」

そんな濱田さんも、大学三年生の時に「ホットライン」の仲間と出会ったことで、前向きに人生を考えられるようになったという。

「ホットラインのメンバーとめぐり合って、男らしさに苦しんでいるのは自分だけじゃないということが分かったんです。みんな、多かれ少なかれ、僕と似たような経験があったので。僕たちは男性たちの悩みを聴く立場ではありますが、実際には相談員自身も、互いに日々のしんどさなどを語り合ったりして、支え合っている。いろんな年代や職業の男性たちが同じ目的のもとに集えているというのはとても貴重だし、自助グループ的な人と人との関係、活動でもあるんです」

カウンセリングの基本は、「傾聴」「共感」「受容」であるという。相談員自らが多少なりとも過去に味わった苦い経験は、きっと相談を受ける過程で生かされているのだろう。

予想外の反響

「ホットライン」をはじめ、市民団体など民間で「男性相談」を行っているケースは今でもほんのわずかだが、二〇〇〇年頃から始まった自治体の男女共同参画センターなどが実施する「男性相談」は、今では二十ヵ所近くに広がった（＊2）。電話相談が主流だが、近年は面接で相談を行うセンターもある。相談者がより悩みを打ち明けやすいようにと、臨床心理士やカウンセラー経験のある男性が相談員を務めている場合が多い。

大阪市立男女共同参画センター（クレオ大阪）では、二〇〇四年四月から毎週一回、面接と電話による「男性相談」（無料）を始めた。一九九三年からスタートさせた「女性相談」の相談件数は年間約九千件と、その多さは全国でもトップクラスだ。この「女性相談」窓口に、男性から「相談は受け付けてもらえないのか？」といった問い合わせが入るようになったのがきっかけで、男性にも相談事業を広げた。その反響は凄まじかった。

同センターの田中陽子さんは、こう話す。

「男性相談の開設日には電話が鳴りっぱなしで、予約が必要なのに、面接相談を受けたいと、開館前から並んでいる男性が数人いらっしゃったほど、予想を超える大きな反応がありました。女性相談の実績があるせいか、男性相談に奥さんから電話がかかってきて、『夫を相談させたいのだけど』といったものもあります。例えば夫婦問題で男性が相談を受けても、それを生かすには妻の理解や協力が必要です。その奥さん自身が悩みを抱えている場合も多い。女性相談の側から言うと、その逆もあります。夫婦関係についての相談は、最も難しい問題と言えますね」

妻との会話がなく、自分の気持ちをどう伝えていいか分からない男性が多いことを考えると、ＤＶなど被害者保護のために夫婦の引き離しが必要な場合は別として、夫婦一緒の相談も、今後、必要なのかもしれない。

同センターの「男性相談」に二〇〇六年度に寄せられた相談は、三十歳代〜五十歳代からのものを中心に、初年度の一・六倍の二百二件に上る（＊３）。内容は、ＤＶを含む夫婦関係に関する問題（約二割）を筆頭に、パワーハラスメント（職権による人権侵害）など職場の人間関係、自分と父親や子どもとの親子関係、うつ症状、男性更年期障害といった心と体の問題が多い。

「ママに頼る」男

「男性相談」に関心を持ったり、悩みを打ち明けたりしたことがない男性たちにとっては、「相談する」男性たちの行動は奇妙に見えるかもしれない。だが、冷静に自分自身の足元を見つめてほしい。職場や家庭、友人の間では相談などして弱みを見せられないと思っていても、誰かに頼ったり、甘えたりしてはいないだろうか。

日本の男性には「三人のママ」がいるとも言われる。すなわち、母親と妻と、飲み屋の「ママ」だ。あるクラブ好きの仕事仲間の四十歳代既婚男性に、なぜ足繁《あししげ》く銀座の歓楽街に通うのか、尋ねたことがある。答えは「愚痴を聞いてくれ、自分をほめてくれて、癒してもくれるから」。再質問することなく、納得した。

クラブや飲み屋に行く理由は、女性にチヤホヤされたかったり、できれば口説いてみたいという願望であったりと、人それぞれだろうが、その一つに女性に悩みを聞いてもらいたいという思いがあるのではないか。総じて相談が苦手な男性が、どうしたわけか、相手がクラブの「ママ」やキャバクラの「女の子」となると、豹変して、饒舌になったりする（人もいる、としておこう）。つまり、DVや離婚、パワハラなど深刻な問題は別として、ちょっとした職場や家庭の愚痴ぐらいは、三番目の「ママ」に受け止めてもらい、そこそこストレスを解消して、バランスをとっている男性も少なくないだろう。

「相談する」男性たちは、もちろん、そんな「ママ」に頼る術を知らない。ただ、誰かに助けを求めているという点では、そう変わらないのではないか、とも思えてくるのである。

パワーゲームに苦しむ男性

実際に、「相談する」男性たちに会って、話を聞きたい。そのために、時間をかけていろいろと接触を試み、電話やメールを通して数人から思いを聞くことができたが、面会は断られた。どうしたらいいものか、考えあぐねていた時に出会ったのが、『男』悩みのホットライン」で相談を受けている男性だった。彼は相談員になる前は、「相談する」側の立場だったというのだ。

「パワーゲーム。そう、出世のためのパワーゲームなんです、私をずっと苦しめてきたのは。職場で誰をも押しのけて勝ち上がりたい。周りの者を支配したい。権力を手にしたい――」

二〇〇六年夏、JR大阪駅近くにあるホテルの喫茶室。四角いテーブルの角を挟んで向き合う岡田慎之介さん（仮名・四十三歳）は、いきなり、誰かを恨むような目つきで、「パワーゲーム」という言葉を口にした。

お盆休みを割《さ》いてまで、取材に応じてくれた。家族との大切な時間を私に分けてくれたことを申し訳なく思いながら、待ち合わせた駅でお礼を述べると、「わざわざ、遠くから来てくださって、ありがとうございます」との返答。非常に穏やかな面持《おもも》ちで、心の温かさが表れていた。

そんな岡田さんが取材で開口一番、口にした言葉に正直、驚き、違和感も抱いた。この日の大阪は、気温三十度を超える真夏日。額にはうっすらと汗がにじむ。だが、コップの水にも運ばれてきたアイスコーヒーにも口を付けることなく、一心にこう思いの丈を述べる。

「最初は私も、パワーゲームの中で生き抜くことを目指していたんです。競争の世界で勝者になること。立身出世を。でも、それが……あるきっかけで、真っ向から覆ってしまった。自分の価値観が大きく、そう、百八十度変わった出来事でした。それから、今度は、そのパワーゲームから降りたい、逃れたいと思うようになって……。でも、自分の心が病んでしまって、もうどうしようもできない。とても悩みました。その悩みを家族にも親しい友人にも、誰にも打ち明けることができず、なおさらつらかったんです。そんな時に、カウンセラーの人に出会いました。その人が自分にとっては、パワーゲームから別の世界、つまり自分を見つめ直し、自己実現を目指す世界に行くことを後押ししてくれたんです」

　情報通信会社に勤める岡田さんは、五年前、ある社運のかかった新規プロジェクトに参加することになり、それに伴って大阪から東京に転勤となった。「成果次第で、しかるべきポストを用意している」。上司からはそう、ほのめかされていた。まさしく、職場の「パワーゲーム」に堂々と参戦したわけだ。

　大阪勤務の社員からは、岡田さんとともに三つ年次が下の部下が選ばれた。二人とも初の単身赴任。大阪に残した妻子を想いながらの激務によるストレスから、まず部下がうつ病を発症し、休職することになってしまった。その出来事が、自身の価値観を大きく転換させたのだ。

「転勤してから部下が休職するまでの半年ほどの間、私は彼から多少なりとも悩みを聞いていたのに、何もしてやることができなかったんです。自分の無力さを痛感しました。と同時に、社内で必死に競争を勝ち抜いて、上のポストに就くことに疑問を抱くようになって……。でも、仕事は依然としてとても忙しい。休職した部下の代わりは東京の人間で、大阪からのプロジェクト参加者は私だけ。孤独も強く感じるようになっていました」

　ついに、自身も病魔にとりつかれてしまう。

「ある朝、ワイシャツに手を通そうとしたら、突然、涙があふれてきて……。それまで人前はもちろんのこと、一人でも泣いたことなんてなかったんです。それも、なんで涙が出てくるのかも分からない」

その日は何とか、出社した。しかし、そういうことが何度か続いているうちに、今度は体が思うように動かなくなってしまった。

「ネクタイを締めようと思うでしょう。頭ではそうしようとしているのに、手が動かないんです。体のブレーカーが落ちたみたいに。そうして……いつの間にか自分でも無意識のうちに、マンションの玄関を出た十二階の外廊下から下をじーっと見ているんです。なんか吸い込まれそうな気分になって……このまま落ちたら楽になれるかなあー、なんて。あっ、いけない。なんとか思いとどまることができたのは、当時生まれて間もなかった次男の顔が浮かんだからです。すぐ精神科に行ったら、うつ病との診断で。結局、一ヵ月間、会社を休むことになりました」

岡田さんはそう言い終えると、やっとコップに手をのばし、水を一気に飲み干した。若干疲れも感じられたが、いつしか、元の優しい表情に戻っていた。

休職を機にプロジェクトからは外れ、大阪の家族のもとに戻った。そして、ある臨床心理士（カウンセラー）に出会うのだ。

「同期入社の者が次々と昇進して、自分にはもう出世する見込みがないことは分かっていましたけど、不思議と嫌な気持ちはなかったですね。その時にはもう、ふっきれていたんだと思います。ただ、生活のために仕事は続けないといけないし、新たな目標を見つけたいと思っていた時でした。学生時代の友人に紹介してもらったカウンセラーに思い切って会いにいったら、その人は優しく、『よくここに来て、話してくれる気になりましたね』って声をかけてくれて……なんか、気持ちがほっとしたというか、それで、全部、自分の胸の内を話すことができたんです。アドバイスをもらったというよりは、自分のたまっていた思いを吐き出させてくれたというか……。そのお陰で、自分らしく生きていこうと思えるようになったんです」

症状も回復して職場復帰し、同じ会社で仕事を続けながら、三年前、産業カウンセラーの資格を取った。それからしばらくして、「『男』悩みのホットライン」に相談員として参加した。

「悩みをカウンセラーに相談できたことで、今の自分があるんです。だから、男性相談に相談しにきてくださる方には、よく勇気を出して話してくれたと、いつも敬意と感謝の気持ちでいっぱいです。悩みを抱えた自分は、決して弱くも悪くもないということも、伝えたいと思って取り組んでいます」

やや寒く感じるほど冷房の効いた喫茶室だったが、そう力強く言い切る岡田さんの顔には赤みが差していた。

岡田さんの話を聞くまで、「パワーゲーム」の世界に身を置くことに、それほどまでにつらい思いをしている男性がいるとは思いもよらなかった。苦難を乗り越え、前向きに職場の権力闘争から撤退し、別のやりがいを見つけられた岡田さんは、本人の努力も大きいが、ごくまれでラッキーなケースなのかもしれない。

「男らしさ」と「自分らしさ」

「男たちよ、古くさい『男らしさ』の『鎧』を捨てて、自由に生きよう!」

これは、男性学の先駆者で、日本のメンズリブ(男性解放)運動の思想を牽引してきた伊藤公雄・京都大学大学院教授(文化社会学)が一九九〇年代前半に発表した、メンズリブの世界では有名なメッセージである。メンズリブをひと言で説明するのは難しい。旧態依然とした「男らしさ」を否定し、男性を抑圧から解放することを目指している点は、ウーマンリブ、フェミニズム的な視点と似ているとも言えるだろう。だが、メンズリブの主張には、男性がこれまで社会で中心的な役割を担ってきた、言い換えれば、男性が手にしてきた〝特権〟を認め、問題視したうえで、その〝代償〟でもある旧来の「男らしさ」の呪縛からの解放を求めるものもあれば、〝特権〟を棚上げし、ただ男であることの〝代償〟だけを主張するものもあるからだ。

伊藤教授は、現代社会における男性たちのつらさの根源について、こう解説する。

「男性たちは長い間、男らしさや男のプライド、メンツといったものを無理やり押し付けられ、他者からそう見なされないといけないという意識から、『自分』というものを見失ってきたのです。相談窓口に悩みを打ち明ける男性が増えているのも、そうした苦しさを痛感し、そこから逃れたいという気持ちの表れなんでしょう。私がこれまで訴え続けてきたメッセージが、ようやく、世の男性たちの間に浸透してきたんだと思いますね。ちょうど、団塊世代が定年退職を迎え、会社の肩書き抜きの人生に不安を抱いたり、熟年離婚の危機に戸惑ったりしている背景にも、この男らしさの呪縛があると思います。女性の意識が大きく変わった今、男性にも意識改革が求められています。家事などの生活面と、精神面の両面で自立し、『自分らしく』生きていくことが最も重要なのです」

確かに、伝統的な「男らしさ」の呪縛に悩まされ、そこから解放されたいと願う男性たちにとって、伊藤教授の指摘は有効に作用するだろう。ここまでに紹介した多くの男性たちの悩みは、伊藤教授の分析で理解できる。また、男の「自立」という考え方は非常に刺激的だと思う。

しかし一方で、あくまでも「男らしさ」を追い求めているのに、うまくいかないことで苦しんでいる男性たちはどうしたらいいのか。残念ながら、男性学やメンズリブの思想からは、私自身、明確な答えを見つけ出すことができないのだ。

さらに、「自分らしく」生きるべき、というのも難しそうだ。もちろん、人にはおのおの個性があり、その生き方は他の誰とて真似はできないだろう。しかし、悩んでいる人は「自分らしさ」や個性がいったい何なのか、それ自体を見失っているようにも思える。そういう人が「自分らしさ」を求めることは、かえって自身を追い詰めることにもなりかねないのではないだろうか。

だから男は悩んでいる

そもそも、「男らしさ」とは何を指すのか。もちろん、男性学やメンズリブ、そして「男性相談」のなかから浮かび上がってきた「男らしさ」が、旧来のものであることは言うまでもない。ただ、「男らしさ」をどうイメージするかは人それぞれであり、男性同士の間か、それとも女性との関係においてなのか、などその時々の状況によっても変わってくるだろう。例えば、自らの損得を顧みず、困っている人のために尽くしたり、困難に立ち向かっていくような「男らしさ」に対しては、男女ともに好感を抱いているのではないか。また、女性が男性に求める「男らしさ」に、「優しさ」は今や、必須項目とさえなっている。「男らしさ」自体は決してネガティブなものではない。その概念に悩まされたり、執着したりすることなく、社会を生き抜く術として無意識のうちに「男らしさ」を実践している男性も少なくないだろう。

このように、人々がイメージする「男らしさ」にはさまざまな意味合いがあることを前提に、伝統的な「男らしさ」の概念について改めて考えてみても、実はその定義自体が現代社会では揺らいでいるようなのだ。

その揺らぎは、「男らしさ」に関する意識調査からもうかがえる。東京女性財団（当時）が一九九七年に実施した調査（東京都在住の三十〜六十歳の既婚男性二千三百人対象）によると、「とくに男は、できるだけ自分以外の人間に助けを求めてはならない」について、「男らしさ」のイメージと考えるかどうかを聞いたところ、六二％が「そう思わない」、または「どちらかといえばそう思わない」と答え、否定的な意見だった。川崎市男女共同参画センターの助成で実施された二〇〇三年の調査（神奈川県川崎市在住の二十〜六十九歳の男性五百人対象）でも、同じ質問に対し、七七％が否定派だった。ほかにも、「会社でも家でも、とくに男は弱みを見せてはならない」「とくに男は、自分の感情を表に出してはならない」「黙っていても、妻は分かってくれている」の項目で、いずれの調査でも、否定派が肯定派を八〜十四ポイント、上回った。つまり「弱音を吐かないのが男だ」などと思って頑張っても、周りからは独りよがりだと思われる可能性がある、ということだ。

「『男』悩みのホットライン」代表の濱田さんのこんな言葉が、今も脳裏に焼きついている。

「男らしさの抑圧に悩み、解放されたいと思っている男性も、逆に男らしくありたいとこだわり続ける男性も、旧来の男らしさが職場や妻、恋人との関係で、また広く社会において、もはや十分に評価されず、通用しなくなってきていることに気付き始めているんです。でも、旧来の男らしさの価値観が完全に崩壊したわけでも、それに代わる新たな道筋が示されたわけでもありませんよね。男性たちは今、あるシーンでは男らしさを求められ、また別のシーンでは男らしさを否定されるという、とても生きづらい立場に置かれているんです」

むろん、「『男』悩みのホットライン」や自治体の男女共同参画センターの「男性相談」を頼る男性たちすべてが、旧態依然とした「男らしさ」の概念に悩んでいるわけではない。例えば、夫婦関係の相談では、双方の性格の不一致や、自分自身、妻の浮気といった問題もある。ただ、相談者の多くが程度の差こそあれ、「男らしさ」にまつわる悩みを抱えているということは、十ヵ所近くの「男性相談」の担当者への取材からも明らかになっている。

悩みを抱えた男性たちが、「男は感情を押し殺さなくてはならない」といった「男らしさ」に囚われずに心の痛みを打ち明け始めたこと、そしてそうした男性たちのつらい思いを受け止める場が少しずつ広がっていることは、大きな前進だと思う。しかし、濱田さんも言うように、実生活において、社会や周りの人間から「男らしさ」を求められる場面がある限り、その概念から逃れることは容易ではない。だから、彼らは悩んでいる。

「男性相談」にたどり着いた男性たちは、まだいい。悩みを誰にも言えない、どこにも「ママ」がいない、相談したくてもできない、もしくは相談をしてもいいのだということにすら気がついていない……。そんな男性も多いのではないだろうか。

彼らへの共感

私は実のところ、今回取材した悩める男性たちとはある意味、正反対の考えで生きてきたような気がする。

仕事において、競争に勝ちたいといつも思っている。ただ私の場合、勝負とは、〝偉く〟なるためのポジション争いではなく、一人でも多くの人に読んでもらえる、心に届く記事を取材・執筆し、結果を出すことである。あるときは権力者や不正を働く者と闘い、あるときは社会や組織と闘い、またあるときは同業者たちとも闘う。実際に常にそうかっこよくいられるかどうかは別として、そういう記者に私はなりたい、と思う。

また、職場で「女は感情的」と見られるのが嫌で、できるだけ感情を表に出さないよう努めている。とりわけ、つらい思いや怒り、悲しみは。弱音も吐きたくない。すなわち、「相談する」男性たちの多くが嫌がる道を、わざわざ私は好んで進みたがっていることになる。それなら、彼らとは相容れないのか。いや、むしろ、共通点があるように思えてならないのだ。

いまだ男性が九割を占める職場に身を置いているが、私自身はその「男社会」に不満を覚えるよりも、彼らと肩を並べて取材競争に参戦できていること自体に、やりがいや喜びを感じてきた。出世競争としての「パワーゲーム」とは異なるが、取材の対象者やライバルが男性であろうと女性であろうと関係なく、先に述べた自分の目指す記事を書くために闘ってきた。

頑張って、競争を勝ち抜きたい。そんな私に職場の男性たちがかけてくれる言葉はいつも、「そんなに頑張らなくていいから」というものである。私のことを気遣ってくれているのは分かる。だけど、そう言われることがどこか虚しく、また悔しくも感じる。

もちろん、充実感だけではなく、それなりのつらさを感じることはある。取材競争というある種のゲームに参戦することは、岡田さんの言う「パワーゲーム」とはベクトルは違うにしても、決して精神的に楽なことではない。かといって、自分で参加した以上、「頑張らなくていい」と言われたからといって「はい、そうですね」と、やすやすと降りるわけにはいかない。

まだ一部に残る「男はとことん頑張れ」「女は頑張りすぎず、ほどほどに」という職場の〝規範〟に逆らっている点において、私は、岡田さんや、「男らしさ」の呪縛から脱出したいと思い悩んでいる男性たちと似ているように思うのである。

精神的にまいっていたりする人を下手に励ますのはタブーらしい。だからこの取材中、苦悩する男性たちには心のなかで、できるだけ穏やかにこう語りかけていた。

「お互いに頑張りましょうね」

＊1　現在は、京都橘大学助教。

＊2　男性が抱える悩みの相談を幅広く受け付ける「男性相談」は、男女共同参画センターなど自治体が実施するものを中心に民間も合わせ、今では、全国四十数ヵ所に増えた。

最近は新たに、ＤＶ被害者の男性からの相談も寄せられ始めている。

＊3　二〇一四年度は二百七十九件の相談が寄せられた。

第４章　父親に「なりたい」男たち

立ちすくむ父親

まず、わが子が自分の思い通りにならないことに戸惑う。そして自分はどんな父親だったかを顧《かえり》みて、心に葛藤を抱く。そんな中高年男性たちが増えている。

団塊世代の藤本克也さん（仮名・五十八歳）もその一人だ。

「息子には一生懸命に勉強して一流大学に入り、その学歴を生かして一流会社に就職して、立派な人生を歩んでほしいと思ってきました。それは自分自身が、たくさんの競争相手がいるなかで努力して勝ち抜きながら目指してきた道でしたし、息子にもその生き方が一番いいと……。でも、本人にとっては、そういう人生がなんか、ピンとこなかったというか……最近の若いもんは、われわれの世代とは価値観が変わってしまったんでしょうかね。息子は実際のところ、理解できていなかったようです」

藤本さん一家は千葉県内の閑静な住宅地に暮らしている。二〇〇六年夏、最寄り駅前の喫茶店で取材に応じてくれた藤本さんはそう話すと、やるせなさげな表情で首を傾げた。

藤本さんは、大学卒業後、大手情報サービス会社に就職し、営業からスタートして総務畑を歩み、二年前に部長に就いた。

息子も父親同様、県立高校を経て、東京の有名私立大学に現役で合格した。まさに、父親が求めてきた進路を順調に歩んできた。就職活動で立ち止まるまでは。

藤本さんが父親として、わが子に戸惑い始めたのは、息子が就職活動を本格的に始めた大学四年の春だった。

「それまでは、仕事が忙しいこともあって、あまり息子と話す機会がなかったんですが、ここは私の出番だと思いましてね。将来も成長が見込まれる有名企業を何社かリストアップして、息子に『ここを受けたらどうだ』とアドバイスしたんです。息子はうんともすんとも言わなかったけど、一応、従って受けました。ところが、受験した五、六社すべて、面接で落とされましてね。やる気をすっかりなくしてしまったようで……六月頃には就職活動さえしなくなってしまいました。なんでこうなるんだ、って、私自身訳が分からず、とても悩みましたね」

就職活動で行き詰まってしまったわが子。そして、父親としてどうしたらよいのか分からず、立ちすくむ父親。そこで、真の〝助っ人〟として登場したのが、母親の貴子さん(仮名・五十二歳)である。

貴子さんと息子の勇作さん（仮名・二十三歳）には、父親の克也さんに先立ち、それぞれ個別に話を聞いていた。貴子さんの当時の思いはこうだ。

「私はずっと家庭に入ってきたから、仕事のことはまったく分からないし、まして息子の就職で、『こうしたら』なんて助言もできない。だから、主人を頼りにしていたんです。でも、息子が就職活動でやる気をなくしてしまったとたん、あの人、何もしてくれなくなってしまって……。だから、私がなんとかしなくっちゃ、と思って、いろいろと就職活動の支援をする会社や団体を探したんです」

克也さんは「何もしなかった」というより、為《な》す術もなく途方に暮れていたのではないかと思われるが、少なくとも奥さんには「何もしなかった」と思われていたようだ。

貴子さんは、就職活動で立ち止まってしまった大学生や、ニート、フリーター生活を送ってきて就職を希望する若者を対象に、面接でのテクニックや自分に合った職探しのノウハウを訓練するNPO法人「日本キャリアビジョン研究所」（東京・杉並区）を見つけ、勇作さんに研修プログラムへの参加を勧めた。

勇作さんは大学四年での就職先内定の獲得は狙わず、次の年の就職活動に備えて秋から半年間、同研究所の研修に参加した。大学卒業後の二〇〇六年春の再挑戦では、わずか一ヵ月間の就職活動にもかかわらず、入社試験を受けた会社の半数にあたる四社から内定をもらった。同年九月には同級生から五ヵ月遅れで、ＩＴ関連企業に入社し、社会人生活をスタートさせた。

自身の就職活動について、勇作さんはこう振り返る。

「最初の活動の時は、ただ父に言われて、有名企業がいいのかなあ、って、まあ、何となく受けてた感じだったんです。それで、面接で志望動機を聞かれても、うまく答えられなかったりして。でも、研修を受けて、同じような悩みを抱えた仲間たちと一緒に企業、職種の研究や面接の訓練をするようになって、だんだん、本当に自分が何をやりたいのかというのが分かってきて……。自分はＳＥ（システムエンジニア）になりたいんだから、その仕事を思う存分にできる会社であれば、有名企業でなくてもいいんだと思えるようになったんです。そうしたら、面接試験でも堂々と答えられるようになりました。少し社会人になるのは遅れたけど、一度就職活動で挫折して、這い上がってこられたことは、大きな自信につながった。この経験は仕事でも生きてくると思っています」

淡々と語る勇作さんだったが、その言葉からは、仕事に懸ける決意が感じられた。無事、就職できたことは喜ばしいことだが、残念ながら、父親のアドバイスは空振りに終わっていた。

勇作さんは父親については、複雑な思いもあるようだ。

「父は仕事を忙しそうに頑張っているし、部長にまでなって偉いんだなあとは思います。でも、就職活動を始める時まで、ほとんど会話がなかったし……父の気持ちがいまいち分からなかった。自分も思いを伝えてこなかったから、いけないんですけど……」

一方、父親の克也さんは、息子との関係をどう感じているのか。

「結局、自分の仕事や人生に対する考えを、息子に一方的に押し付けていたということなんですかね。息子の就職では、父親としてまったく力不足だったと思います。息子には息子なりの思いがあるし、それを聞き出したうえで息子が望む人生を歩ませなくてはならないんだということを、痛感しました」

平日は夜遅くまで仕事。週末も接待ゴルフなどで家にいない時間が多く、息子とのコミュニケーションが十分に図れてこなかったことを、今さらながら反省しているという。

「ただ、自分の時を思い返すとね。私の父はとても仕事が忙しくて、それこそ私の進学も就職も何ひとつ口を出しませんでしたけど、自然とその父親の姿を見て、自分も頑張ろうと思ったもんです。なので、息子は私が何も言わなくても、分かってくれていると……でも、それも思い込みというか……今は、時代も違うんですよね……」

これまでの親子関係を省みながら、父親としてのあり方を今、改めて考え直そうと努めているようにも見えた。

自分自身が歩んできた人生のレールを息子にも歩んでほしいと願う父親。その人生の歩み方に疑問を抱く息子。父親と息子の価値観の違いは、特に今の時代では程度の差こそあれ、どの親子にもあることだろう。

しばらく沈黙していた克也さんだったが、ふと何かを探し当てたように、それまで伏せがちだった顔を上げて、こんなエピソードを教えてくれた。

「でもね、息子は、成長しているんですよね。就職試験の最終面接の時に、私の会社の近くまで来ると言うんで、終わったら連絡してくれるように言ったらね、ほんとに電話してきてくれましてね。一緒に昼飯を食ったんですよ。四年ぶりぐらいだったかな……一緒に食事をするなんて。紺のスーツでビシッと決めて、これがまた様になっていましてね。いつの間にこんなにたくましい男性になっていたのかと、なんか感動してしまいました……。あっ、すみません。親バカだって、笑ってやってください」

自身が考える父親としての役割を満足に果たせず、そんな自分に悩み苦しみながらも、息子の成長を心から喜ぶ克也さん。そこには、まさしく「父親」がいた。

父親が見えない

ニート、フリーター問題の取材に関連して、「親としてわが子にどう向き合えばよいか」というテーマで取材したことがある。その際、父親の姿がなかなか見えてこなかった。それが、男性の父親としてのありように興味を抱くきっかけだった。

藤本さんの事例でも紹介した日本キャリアビジョン研究所では、ニートやフリーター本人だけではなく、その親たちを対象にした相談や支援事業を二〇〇五年から展開している。もともと、ニート状態などにある若年者は、就職活動のための準備や訓練の場に出向くことと、さらにそれ以前に就業に意欲を持つこと自体が難しい場合が少なくない。このため、最も身近な親が、まずわが子のために動くことが大切という考えからだ。

同研究所の鈴木明理事長は、親の支援事業を通して見えてくる父親像について、こう指摘する。

「親からの相談は、事業を始めてから日に日に増えていますが、ほとんどがお母さんからのものです。もちろん、お父さんは仕事が忙しくて、時間的にそこまでかかわる余裕がないということはあるでしょう。でも、それでいいのか、と疑問を感じずにはいられませんね。わが子の問題に真っ向から立ち向かおうとする父親の姿が、まったく見えてこないんです」

同じく二〇〇五年からニートの親たちを対象にした支援セミナーや個別カウンセリングを行っているNPO法人「キャリア倶楽部」（群馬県高崎市）（＊1）の太田和雄理事長も、父親の姿勢に苛立ちを隠しきれない。

「最近はようやく、毎月十五人前後が参加するセミナーに二、三人のお父さんが参加してくれるようになりました。でも、子どもの教育や進路を一切、妻任せにしておきながら、『（子どもの）就職がうまくいかないのはお前のせいだ』などと、妻に責任をなすりつけている父親が多いのが実情です。それで、母親はプレッシャーを感じて悩み、落ち込んでしまって、セミナーやカウンセリングに助けを求めてくるというのが、典型的なパターンですね」

妻に責任をなすりつける父親ほど、わが子がどんな日常生活を送っていて、どんな人生を志向しているのかを知らないし、知ろうという努力すらしていない。たまに子どもと話をする機会があっても、「対話」ではなく、一方的に自分の意見を子どもに押しつける「説教」に終わっているケースが多いという。

冷戦状態

「父親とは確かに会話は少ないですよ。でも、互いに何も話さず、無視し続けられるんなら、そんなに楽でいいことはないんです。困ったことに、ウチの場合はですね、私が父を避けようとしても、それを父は許してくれない。父から一方的に私の陣地に押し入ってきて、何が始まるかというとですね、説教です。説教。それも延々と……。私はそんなの聞く気にもなりませんよ。こういうの、〝冷戦〟っていうんじゃないですかね。しんどいです。父親が攻めてくると、びくっ！　とします」

山岡健太郎さん（仮名・二十七歳）は、そう話し終えると、まるで小学生が先生に怒られたときにそうするように、顔をゆがめ、両肩を少し浮かせたしぐさを見せた。

山岡さんは工業系の専門学校を卒業後、いったん機械メーカーに就職したものの、職場の人間関係が原因で半年余りで辞めてしまった。それから数年は、警備員や運送業など短期間のアルバイトを断続的に繰り返してきたが、一年ほど前からは仕事も職探しもしなくなった。アルバイトをしていた頃には、恩師の紹介で正社員での就職を目指して活動したこともあったが、面接で落とされたり、せっかく就職した会社も試用期間中に辞めてしまったりと、長続きしなかった。その背景にも、父親との関係が影響しているのではないか、と自分自身では思っている。

「企業の面接試験を受けに行ったり、就職して仕事をしていても、人との関係で、緊張しちゃって、ダメなんですね。精神的に圧迫されるというか……。ずっとどうしてかって考えてはきたんですけどね。今、奥田さんから父のことを聞かれて、ああ、そうか、父のあの威圧感に影響されてきたんじゃないかって、思い当たりました。きっと、そうです。ええ」

山岡さんはそう話し、自分に確認するように、首を大きく縦に振った。

父親との関係が、彼の性格に少なからず影響を及ぼしてきたことは確かなようだ。

中学、高校生ぐらいまでは、家の中で父親の姿を見る機会はほとんどなかった。平日はいつも午前様で、土曜日も出勤。日曜日は、昼過ぎまで寝ていた。だから、父親の姿というと、疲れた顔、寝ぼけ眼《まなこ》でぶすっとした顔しか記憶にない。ただ、専門学校時代には、顔を合わせると、互いに好きなプロ野球の話をするなど、少しは会話があったという。それも本人いわく、「片方が投げてもう一方が受けて、はい終わり」程度らしいが。

そして、いよいよ〝冷戦〟状態に突入していく。

「私が専門学校を卒業して、定職に就かなくなってからですね。ほんの短く話はしても、まったく会話のキャッチボールにならなくなったのは。なんとも残念なことですけどね……。父は私の仕事のことについてはとても心配しているようで、アルバイトも何もしてないときは、まさに今のような状態だと、毎週末にですね、トントンってドアをノックして、ああ来たなあと思っていると、いきなり部屋に入ってくるや、『早く就職しろ！』『仕事しないと人生、台無しだ！』『お前は自分の意見というものがないのか！』の三連発ですからねぇ。私の考えを聞いているようで、実はそうじゃなくて、自分の意見を押しつけるだけ、つまり説教ですよ」

しかし、そんな山岡さんも高校生の頃までは、父親について、「サラリーマンって体力勝負で、大変なんだなあ。それを毎日こなしているお父さんって、すごいなあ」と感心していたという。会話がなくとも、父親が仕事に頑張っている姿をしっかりと見ていたのだ。それなのに、その後どうして二人の歯車が嚙み合わなくなってしまったのだろうか。

山岡さんの父親（五十歳代後半）にも取材を申し込んだが、丁重な断りの手紙をいただいた。息子が仕事に就くことに対してまだ前向きになれていない段階で取材を受けるのは時期尚早、と考えられたようだ。父親の立場からすると当然の判断とも言える。

このため、山岡さんの話から推測するしかないが、山岡さんが自己分析してくれたように、企業の面接試験や職場の人間関係がうまくいかない背景には、父親の「威圧」があるのかもしれない。山岡さんの父親は自分が描く息子の人生像に固執しすぎている面も否めないし、説教され続ければつらくもなるだろう。しかし、果たして、もし父親が「今のままのお前でいいんだよ」などと優しく声をかけるなど、違った接し方をしてくれれば、山岡さんは一歩、前に踏み出せるのだろうか。きつい言い方になるかもしれないが、私にはどうも、山岡さんは自分がうまくいかない理由を父親のせいにして、〝冷戦〟的対立とは逆に、父親に経済的にだけでなく、精神的にも依存しているように思えるのだが。

団塊世代の父親たち

これまで紹介したケースは、就職活動に行き詰まったか、ニートの状態にある子どもとその父親の父子関係であり、そこに表れる父親像を一般化して示すのは適切ではないかもしれない。しかしながら、そこから浮かび上がってきた父親の姿や胸の内は、決して特異なものではなく、この年代、つまり団塊世代を中心とした五十歳代の父親に共通している面も少なくない。

彼らは、自分自身の父親の姿を無意識のうちになぞってきたものの、それがわが子との関係においてはうまく通用しないことに気付き、それゆえに途方に暮れているのではないか、と思うのである。

専門家のなかには、団塊世代の「自分らしさ」志向が影響し、父親としてわが子がニートやフリーターでいることを容認してしまっている、という見方もある。山田昌弘・東京学芸大学教授（当時）（＊2）は、こう指摘する。

「団塊世代は若い頃から自分らしさや個性を好みながらも、結局はみんなと一緒の仕事人間に終わってしまい、自分らしさ実現にはもう遅い、という後悔の念を抱いている人が少なくないと思います。その反動として、わが子には自分の好きな人生を目指してほしい、そのためには親元にパラサイトして定職に就かなくてもしようがない、という考えがあるのではないでしょうか」

確かに、団塊世代の「自分らしさ」志向が多少なりとも影響しているという面もあるのかもしれない。しかし取材してみると、父親たちはそんなに物分かりはよくない。むしろ、わが子は自分が何も言わなくても、自分が目指してきた人生に共感し、その同じ道を歩んでくれると思い込んでしまっている。結果として、どんな生き方を目指すのか、わが子が判断し、自ら人生を切り開くための材料を示せてこなかった。

この弊害のほうが大きいのではないか。

パパサークル

団塊世代など五十歳代に比べると、それより下の年代の三十歳代、四十歳代の父親たちは、子育てに積極的にかかわりたいという意識が、個人差はあるものの、全体的に高いようだ。ただ、それはそれでまた上の年代とは別の悩みにもつながる。

二〇〇六年秋、東京・新宿駅近くの居酒屋。スーツの上着を脱いで、リラックスした様子の仕事帰りのサラリーマンたち七人が、テーブルを囲んでいる。

「息子が幼稚園に入園してから半年近くも経つのに、まだ仲のいい友達の名前を一人も聞くことがないんですよ。ウチの子は人見知りが激しいから……。これから大丈夫かなって、ちょっと心配になりますよ」（三十歳・息子四歳）

「女房が仕事、辞めちゃったよ。仕事を続けながら、子育ては難しい、って言ってね。本人の考えを尊重したけど、家計のほうはね……はっきり言って、苦しい（笑）。これから子どもの教育費のことなんか考えるとね。それで、〇〇さん、結局、中学受験はさせることにしたの？　確か、まだ小学校低学年だったよね」（四十歳・娘六歳、息子四歳）

「まだ、二年生だよ。女房がどうしても私立、それも開成とか〝御三家〟を受けさせるって言い張るんでね。で、来年からは塾通わせる、って」（三十八歳・息子七歳）

「えっ、やっぱり受けさせるんですか？　ウチも迷ってるんですよね。将来の進路を考えると、特に東京だと公立より私立のほうがいいのかなあー。でも、そうなると、小学校低学年から塾行かせないとダメってこと？　はあー、そりゃ、大変だなあー。とても二人目なんて考えられないですね」（三十二歳・娘五歳）

独身者がいたら退屈極まりない飲み会だろうが、心配は無用である。これは、ある自治体主催の父親を対象にした子育て講座を受講した男性たち有志による、〝パパサークル〟の会合のひとコマなのだ。講座が終わった後も、月に一回程度、集まり、子育てや子どもの教育に関する父親としての悩みを打ち明けあったり、情報を交換したりしている。十数人の仲間のうち、毎回、七、八人は集う。参加者は三十歳代から四十歳代半ばまでと幅広く、勤務先もメーカーや商社、出版社、団体職員などさまざまだ。

男が挑む仕事との両立

仕事と子育てなど家庭の両立は、もはや女性だけの問題ではない。

「会社でも同年代の子どもを持つ父親はいますけど、さすがに子育ての悩みなどはまったく話しませんね。職場でそんな余裕はないし、なんか弱みを見せるような気もしてね。まあ、育児がうまくいってたらいいのかもしれませんけど。だから、このパパ仲間の集まりは、唯一、本音で子育ての悩みや不安を話せる場なんです。もちろん、悪いことばかりじゃない。自慢話も堂々とできるし……。こうして集まると、ほっとしますね」

そう話すのは、パパサークルの幹事役を務める、医薬品メーカー勤務の安沢守さん(仮名・三十五歳)。四歳の一人娘の育児と仕事の両立に悩む父親の一人だ。

パパサークルの会合に同席させてもらう前に、まず安沢さんに話を聞いた。

「もっともっと子育てにかかわりたい、かかわらないといけないとは思うんですけどね。仕事が忙しくて、部下が増えて指導的な役割も担っているし、なかなか難しいんですよ。理想と現実のギャップというか……。娘の事があってから、女房が仕事を辞めましてね。それから、ますますプレッシャーを感じてしまって……そりゃ、共働きでやっている時もそれなりに大変でしたよ。ウチは僕が東北、奥さんが関西の出身で、こっちに子どもの面倒を見てくれる親やきょうだいもいませんしね。東京で共働きしながら子育てをしっかりやるのは、どちらかの親がこっちに住んでいないと無理だなあって痛感しました。ウチの奥さんはもともとキャリア志向が強かったから、それを犠牲にしてまで育児をしているのに、自分はどうか、って考えてしまうと……なんかやりきれないですね」

父親としての「理想と現実のギャップ」。安沢さんは一時間余りの取材の間、この言葉を幾度となく繰り返した。安沢さんの娘は、言語の発達が通常よりやや遅れぎみだったことから、妻が「自分が働いていて、娘といる時間が少ないため」と思い込み、一年近く悩んだ末、一年前に十年間勤めた会社を退職した。

「奥さんは、子育てのことについて、安沢さんに何か、注文したりすることはあるんですか？」

「そりゃ、ありますよ。いろいろ言われるけど、要は『もっと娘の世話をして、一緒に過ごす時間を増やしてくれ』、ということですね。そんなこと、言われなくても分かってるんですよ。それをわざわざ言われるとねぇー。そんなストレスをパパ仲間の間で発散しているというのもあるかなあー」

安沢さんは決して、娘の子育てに手を抜いているわけではない。幼稚園の父親参観や運動会には積極的に参加しているし、娘が生まれてからというもの、仕事の付き合いで飲みに行くこともめっきりしなくなった。週末もほとんど、娘と過ごすようにしている。近所の公園の散歩なども多いが、二、三週間に一回ぐらいの割合で動物園や美術館、クラシックのコンサートなどへ、娘の情操教育も兼ね、家族で出かけている。でき得る最大限の努力をしているように見えるのだが。

「自分ではまだまだというか……満足できていないんですよ。たまに娘と二人きりになると、どう接していいか分からなくなったりしてね。でも、パパ仲間に聞いてみると、実際は、週末は仕事疲れで家の中でぐったりしていて、あまり子どもと遊んだりしていないという人も意外と多いんですよ。動物園なんて夏休みとか比較的まとまって休みを取れるときぐらいしか行けてなかったりして。そういうのを聞くと、なんだ、自分は父親やってるじゃないかって、ちょっと自信をつけてみたり。あっ、そろそろ中学受験をどうするか、考えないといけないので、娘の遊びよりも教育を考えないとけなくなってきていますね」
「えっ、まだお嬢さんは四歳でしたよね」
「いや、子どもの教育を考えるのは、早いに越したことはないんですよ。最近、ビジネス誌の出版社などから子どもの教育、中学受験をテーマにした雑誌が出てますよね。ああいうのを見ると、余計に不安になるから嫌なんだけど、怖いもの見たさというか、つい買って読んじゃうんですよ。出版社も父親の痛いところ突いてますよ。それから、最近、『格差社会』や『勝ち組・負け組』って言葉が氾濫《はんらん》してますよね。あれも、自分自身だけじゃなくて、子どもを何とかして勝ち組にさせたい、そのためには有名私立中学に入れて——という父親の心理にかなり影響を与えていると思いますよ」

　話が進むにつれて、言葉に熱がこもってきているのをひしひしと感じた。悩ましげに不安げに、また時には自信ありげに、男性がこんなにもいろんな感情を一時にあらわにするのをあまり見たことがない。これも、「父親」が前面に出てきているせいなのだろうか。

　父親たちが、子育ての悩みなどについて語り合える場というのは非常に貴重だと思う。ただ、「本音」を話せると言ってはいたが、その一面では、ほかのパパ仲間と自分を比較しながら、「探り」を入れ、競い合っているようにも感じた。特に、子どもと接する時間の長短や質、そして私立中学受験については。

折しも、二〇〇七年春の東京、神奈川など一都三県の私立中学受験者数は、少子化で児童数が減少するなかで、過去最多の約五万人にも上った。実に、一都三県の小学六年生の六人に一人が受験したことになる（＊3）。進学熱が過熱する背景には、「ゆとり教育」など、公立中学の教育への不安があるという見方もある。確かにその一面もあるだろうが、子どもに私立中学を受験させる親たちの心理には、わが子を早々と受験競争に参戦させ、「勝ち組」にさせたいという強い思いが表れているようにも思う。

パパサークルの会合に場面を戻そう。二時間近くの会合も終盤を迎えると、子育て論議は佳境に入る。

「子育てはやっぱり楽しいですよね。子どもと一緒に自分が成長していくような気がしますよ」（三十六歳・娘七歳、四歳）

「結婚してから十年でやっと生まれてきてくれた子どもだからね。なんか変かもしれないけど、四十を過ぎて初めて、自分は誰かのために生きていると思えるようになった。そのために、仕事も前よりもっと頑張らないと、って思うようになったね」（四十五歳・息子四歳）
「今はただ、子どもの日々の成長を一時たりとも見逃したくないなあ。大きくなったら、母親以上に、『お前はあの時、こうだったんだ』としっかりと言える父親になりたい」（安沢さん）
後で聞いたことだが、この場面ではいつも、参加者みんなが口々に子育てにかかわることのプラス面を強調するらしい。ある参加者が何度、同じことを言おうと、ほかの人はみな、初めて聞いたように感心する。一方でまた、自分もかつて話した内容を繰り返す。そして、父親たちはそれぞれの家庭、職場へと戻って行く。

パパ雑誌も続々登場

パパサークルは、地域や職場などで、少しずつではあるが広がりを見せている。厚生労働省が二〇〇七年度、父親の育児参加推進事業の一環として、地域での父親向けサークルの育成などを支援する「子育てパパ応援事業」を実施したのも、そうした父親たちの動向や意識の高まりを察してのことだろう。

さらに、幼児や小学生の子どもを持つ男性たちの関心を集めているのが、安沢さんも話していた、〝パパ雑誌〟だ。育児専門誌だけではない。男性読者の多いビジネス系出版社が相次いで、子育て、教育雑誌を創刊したり、週刊誌で父親向けの特集を組んだりしている。一般誌だって負けてはいない。父親を意識し、優秀な子どもを育て、教育するにはどうすればいいか、といった視点で次々と特集を掲載し出したのも、ここ一、二年のことだ。

キーワードは、ずばり「父親力」に、「中学受験」「勝ち組」など。

「父親力　子育てに自信がありますか　父親が子どもに伝えるべき5つのメッセージ&ノウハウ」(『週刊ダイヤモンド』二〇〇六年九月九日号)

「妻子を幸せにできる男はどこが違う　測定！お宅の父親力」(『プレジデントファミリー』二〇〇七年四月号)

「子どもの将来が輝く最高の学校」(『日経キッズプラス』同六月号)

「父親が家で晩ごはんを食べる家庭は『できる子』が育つ　東大生親子1000人調査で判明」(『サンデー毎日』同一月二十八日号)

「私学の中高一貫に負けない　公立中『勝ち組』の家庭力と勉強法」（『アエラ』同二月十二日号）

「名門中学　合格親子97組　塾・父親の力・費用」（『読売ウイークリー』同七月一日号）――。

見出しが躍れば、お父さんたちの心もますます刺激される。

父親たちのジレンマ

比較的若い年代の父親たちの子育てを含めた家庭生活に対する意識の高まりは、いくつかの調査からも明らかになっている。

男性のライフスタイルに焦点を絞った二〇〇〇年の「男女共同参画社会に関する世論調査」（当時総理府）によると、子どもの世話やしつけ、教育について、実に男性の九一・二％が「積極的に関わるべきだ」、または「ある程度積極的に関わるべきだ」と回答。そう答えたのは、三十歳代（九六・一％）が最も多く、次いで、二十歳代（九五・九％）、四十歳代（九三・七％）の順に、子育て関与への意識が高かった（＊4）。

「男は仕事、女は家庭」といった固定的な性別役割分担意識に反対する人の割合も男女ともに年々、増えており、二〇〇四年の同調査（内閣府）では、「夫は外で働き、妻は家庭を守るべきである」という考え方に、「反対」と答えた男性は、二十歳代が四九・七％、三十歳代が五一・八％と、いずれも「賛成」を九〜十ポイント上回った（＊5）。

一方で、父親たちは子育ての現実に悩んでいる。

夫婦と六歳未満の子どものみの世帯で、父親が育児に費やす一日あたりの平均時間は、二〇〇一年時点で二十五分と、その五年前に比べると七分長くなったものの、母親（三時間三分）との間にはいまだ大きな隔たりがある（総務省「社会生活基本調査」）（＊6）。このため、「子育ての不安や悩み」について、父親の約七割が「子どもとの時間が十分にとれない」ことを挙げている（二〇〇三年「子育て支援策等に関する調査研究」＝厚生労働省・当時ＵＦＪ総合研究所委託調査）。

また、男性の育児休業取得率は、わずか〇・五％（二〇〇五年度厚生労働省「女性雇用管理基本調査」、二〇〇四年度に妻が出産したケース）にとどまるなど、依然として一％にも満たない状況が続いている（＊7）。

子育てにもっと積極的にかかわりたい。でも仕事が忙しいうえに、職場環境や自身のキャリア、収入面などを考えるとなかなか育児休業に踏み切ることもできず、それがかなわない実情に戸惑う。そんな、仕事と育児の狭間で揺れ動く父親たちの葛藤がうかがえる。

だが、育児にかかわる時間の長さが、父親としての満足度を左右しているかというと、必ずしもそうではないようなのだ。

矢澤澄子・東京女子大学教授（当時）らによる二〇〇一年の調査では、三十歳代、四十歳代を中心とする父親の意識を、「二重基準型」（父親は育児と仕事に同じようにかかわり、母親は育児優先がよい）、「平等両立型」（父母が育児と仕事に同じようにかかわるのがよい）、「伝統役割型」（父親は仕事優先、母親は育児優先がよい）の三タイプに分類した。そのうえで、実際に子どもとかかわっている時間の長さと、子育て関与の「時間」「熱意」「しつけ方」を自らどう認識（「十分」「まあ十分」「やや不十分」「不十分」の四者択一）しているかという満足度の関連性を調べた。

それによると、調査対象者のうち最多で四割を占める「二重基準型」（妻が専業主婦の割合は八割）は、子どもとかかわる時間は平日一日の平均で「一時間未満」が半数と、他の二タイプの中間に位置していたが、育児関与の満足度については、いずれの項目においても「不十分」と感じる割合が最も多かった。つまり、「二重基準型」は子育て時間が決して少ないわけではないのに、育児関与の不満足感が最も強いというわけだ。

私が取材した子育てに悩む三十歳代、四十歳代の父親のなかでも、この三タイプの中では、「二重基準型」か、それに最も近い人が多かった。「父親は仕事、母親は育児」という固定的な役割分担には否定的で、子育てに積極的にかかわりたいと思っているにもかかわらず、実際には母親のほうが育児関与の度合いが大きく、自ら妻に任せてしまっていることへの負い目や焦りが、父親としての満足度の低さにも影響しているのではないだろうか。そして、このタイプの男性たちは、自分が目指す父親像をより高い位置に設定しているように思えた。

父親として「いる」こと

取材したさまざまな年代の父親たちは、今の父親としての自分に満足できず、より良き父親に「なりたい」と熱望していた。しかしながら、そうした強い思いがなおさら、自身を苛《さいな》んでいると感じる人は多かった。これはこれまでの章で述べた「男らしさ」へのこだわりがストレスになっていることと同じである。確かに、かつてに比べ、「父親」への家族や社会の期待は高まっているのかもしれない。ただ、その期待を過度に受け止め、実際に自分とわが子が互いをどう感じ、どんな関係であるかよりも、他者との比較において、世間から理想の父親と見られたいという意識が強い人ほど、自己を見失い、追い詰められてしまっているのではないだろうか。

ニート、フリーターの若者や、就職活動中の大学生に話を聞いた限りでは、現在の父親の言動に多少なりとも不満を抱いている人は少なくなかったが、その一方で、仕事が忙しいために自分と会話する時間が持てない父親を非難する人はほとんどいなかった。まあ、ある程度の年齢になり、しかもニートやフリーターであれば、父親と積極的に話したいというほうが不自然かもしれない。

しかし、彼らが父親を非難しないのはそういう消極的な理由からだけではない。よく聞いてみると、むしろ、家族のため、会社のために懸命に働いている父親の姿を敬う気持ちのほうが勝っていたように思う。実は「仕事人間」のイメージはそう悪くないのだ。

家族から、社会から、そして自分自身から見ても、理想の父親となれれば、それに越したことはないだろう。だが、そんな父親など、現実には存在しない。

では、父親としてどうすればよいのか。結局は、子どもと正直に、正面から向き合うこと、そうできるよう最大限、努めることしかないと思う。それは当たり前のことでもあり、もちろん、「言うは易く行うは難し」ということは分かっている。ただ、父子が四六時中、顔を合わせていなくとも、それは可能なのではないだろうか。子どもが不登校やニートの状態にあるなど、すぐに対処すべき問題を抱えている場合は別として、日常的にわが子と会話したり、ともに過ごしたりする十分な時間がとれなければ、妻を通してわが子の様子を聞き、また自分の率直な思いをわが子に伝えてもらう。子どもを心から思い、見守ることができるだけでも、いいのではないか。

こう述べると、男女が仕事においても家庭においても役割や責任を対等に担うべき、という考えにもとるとの批判もあるだろう。しかし、残業削減や柔軟な勤務体制など、「ワーク・ライフ・バランス（仕事と生活の調和）」を重視した働き方の重要性を国や企業が認識し始めたとはいえ、現実問題として、父親が家計を支える中心的な役割を担うケースがまだ多数派であること、そして現在の労働時間を削って子どもと過ごす時間に回すことが難しいことなどを踏まえると、妻の同意があればそれもやむを得ないのではないだろうか。

理想の父親に「なりたい」と願い、そうなれない現実とのギャップに思い悩むよりも、まずはありのままの自分と現状を受け入れ、自信を持って、わが子にとってこの世界でたった一人の父親で「いる」ことのほうが重要だと思うのである。ただし、決して父親で「いる」ことを諦めたり、「いる」ことから逃げたりしないで。

そうしたら、いつの日にかきっと、わが子は、そんな父親の存在や思いに気付いてくれるのではないか。こんな私の考え方は甘いのだろうか。

ある企業の五十三歳の部長が、こんな話をしてくれたことが印象に残っている。

「私は長年、いわゆる企業戦士で、平日の夜も週末も、妻や子どもと話をする時間はほとんどなかったんですよ。一人娘からはずっと、無視されていました。でも、そんな娘が去年就職して、家を出ていったんですけどね。そうしたら、これまでプレゼントをくれたことなんてなかったのに、誕生日にバラの花束を贈ってくれましてね。小さなカードに、『お父さん、これまでありがとう。働くってこんなに大変だとは思わなかった』って。父親として何もしてやれなかったという思いもありますけど、こん

かべた「お父さん」がいた。

はないか。それまでの感情を抑えた表情から一転し、そこには満面に温かい笑みを浮

娘と会話する時間はなくても、わが子を思う気持ちはきっとお嬢さんに通じたので

なもんなんですかね」

＊1　現所在地は、群馬県前橋市。

＊2　現在は、中央大学教授。

＊3　二〇一六年の受験者数は約三万七千人。八人に一人が受験している。

＊4　内閣府の二〇一四年「女性の活躍推進に関する世論調査」では、男性が家事・育児を行うことについて（複数回答）、男性の回答では「男性も家事・育児を行うことは、当然である」が五八・〇％と突出して最多で、「男性は、家事・育児を行うべきではない」はわずか三・〇％にすぎなかった。

＊5　一方で、二〇一二年の「男女共同参画社会に関する世論調査」では、「夫は外で働き、妻は家庭を守るべきである」という考え方について、「賛成」（五一・六％）が、十五年ぶりに「反対」（四五・一％）を上回った。二〇一四年の「女性の活躍推進に関する世

論調査」の同じ設問では、「賛成」が四四・六%、「反対」が四九・四%と、再び「反対」が上回ったが、男女別にみると、男性は「賛成」と「反対」が同数値の四六・五%（二〇一二年調査では「賛成」五五・一%、「反対」四一・〇%）、女性は「賛成」が四三・二%、「反対」が五一・六%（同「賛成」四八・四%、「反対」四八・八%）で、男女ともにジレンマを抱えていることがうかがえる。

＊6　総務省の二〇一一年「社会生活基本調査」によると、夫婦と六歳未満の子どものみの世帯で、父親が育児に費やす一日あたりの平均時間は、三十九分と二〇〇一年の調査に比べ十四分長くなったが、母親の三時間二十二分（二〇〇一年比十九分増）との間の大きな差はいまだ縮まっていない。

＊7　厚生労働省の二〇一五年度「雇用均等基本調査」では、男性の育児休業取得率は二・六五%となり、一九九六年度の調査開始以来、最高となった。だが、男性の育休取得率を二〇二〇年度までに一三%に引き上げるとする政府目標にはほど遠く、依然として低水準にとどまっている。

文庫版　謝辞

『男はつらいらしい』新書出版からこの九年の間に、男性を取り巻く職場や家庭、社会環境は大きく変化しています。その後の男たちの厳しい動向や激しく揺れ動く心理についての取材は、仕事や育児、介護、晩婚・非婚化、夫婦・親子関係、心の病など様々な問題を、『男性漂流―男たちは何におびえているか』と『男という名の絶望―病としての夫・父・息子』で報告し、論じてきましたが、彼らの「男であること」の苦しみは今や、単なるつらさから、脅えの段階を超え、絶望という「病」にまで陥っています。一方で、女性や高齢者、子どもに関する問題が国や自治体の政策課題に挙がるのとは異なり、男性の苦悩の根源となっている諸問題は、支援の網の目から、議論のテーマからさえもこぼれ落ちているという状況は依然として変わっていません。

「保育園落ちた日本死ね!!!」と題したある母親の匿名ブログが今春、待機児童解消に向けて世論や政治を動かしたという出来事がありましたが、市井に生きる多くの男たちはそうやって声を上げることすらできず、もがき苦しんでいるのです。これからも、男性の「声にならない慟哭《どうこく》」を全身全霊で受け止め、ルポルタージュや評論、国の政策や企業組織のあり方などへの提言を続けていきたいと考えています。そしてそれらが、彼らの苦しみを軽減し、社会が改善していく一助になることを心から願っています。

取材にご協力いただいた方々に改めて厚くお礼申し上げます。さまよいながらも、絶望の淵に沈みながらも、必死に前を見て歩《ほ》を進めようとする皆さまの姿から、私自身が溢《あふ》れんばかりの勇気をいただきました。ためらいつつも勇気を振り絞ってインタビューに応じてくださったのは、私を媒介役として社会に自分たちの窮状と心痛を訴えたい、という切なる願いがあったからだと思います。己の使命を果たせるよう、精進してまいります。そして、本書に興味を持ち、日々の大切な時間を割いて読んでくださった読者の皆さま、まことにありがとうございます。

「解説」をご執筆いただきました山田昌弘先生にも、感謝の気持ちでいっぱいです。

出会いから十数年の間に山田先生からはご専門の家族社会学はもとより、社会や人間関係の変容などについて科学的に調査、検証することの重要性を学ばせていただき、少し休止していた社会学研究を再開するきっかけにもなりました。

最後になりましたが、文庫版出版のためにご尽力いただきました講談社の加藤孝広さんをはじめ、本作りに関わってくださった皆さま、本当にありがとうございました。

二〇一六年九月

奥田祥子

解説

山田昌弘（中央大学文学部教授）

女性問題を語る場合、マスコミの世界では、男性が悪者として扱われることが多い。

日本で子どもの数が減るのも、男性が家事・育児に協力しないせい。妻の体や気持ちを理解しない夫は離婚されて当然。仕事中心で子育てに関わらないから子どもに嫌われる。マスコミの世界では、そんな言説が溢れている。つまり、女性がつらいのは、男性が至らないから。男性がこれらの点を直せば、少子化もたちどころに解決、離婚もＤＶ（夫婦間の暴力）もなくなり、円満な家庭が築けるはず。とにかく、男性を非難しておけば問題ない。そんな風潮が今でも続いているように見える。

もちろん、男性優位社会の中で、女性がつらい立場に置かれているのは確かである。だから、女性が感じるさまざまなつらさは、主題化されてマスコミを賑わせる。

女性は差別されて、こんなにつらいめにあっている。だから、彼女たちを救うべきだ。男性はけしからんと。

女性だからという理由でつらい思いをする女性がいる。でも、男性だって、男性だからという理由でつらい思いをしていることがあるのではないか。男性だって言い分があるのではないか。そこに注目したのが、ジャーナリストの奥田祥子さんである。

奥田さんが、家族や結婚問題を専門としている私の所に取材に見えたのは、十年以上前のことである。至らない男性を非難する論調の記事かと思いきや、むしろ男性を思いやる優しい目線で取材し、記事を書かれていることに、好感をもった。それ以来、取材などを通じて、お話をする仲になった。

奥田さんの問題関心は、本書の『男はつらいらしい』というタイトルに集約されている。「らしい」というのが重要なのだ。男性問題の核心はここにあるといってもよい。

男だって人間である。つらいこともあるだろう。しかし、男はなかなかつらいと言えない。「つらいとは言えないというつらさ」、これが女性にはなかなか理解されないものだ。当事者でない女性が理解しにくいことはもちろん、同性である男性も、他の男性のつらさはなかなかわからないものだ。例えば、背の低い男性はいろいろな所で嫌な思いをし、不利益を感じる。しかし、そのつらさを表になかなか出せない。出すと、逆にみじめな思いをしてしまう。だから、背の高い男性は、背の低い男性のつらさをなかなか理解できないし、共感できないのだ。

そこで「つらいらしい」という表現は女性だけでなく、男性にとっても当てはまるのである。

男女に本質的な違いはない。しかし、この社会で、男性として育てられることと、女性として育てられることによって、違いが出てくる。

女性は、同性の女性に対してつらいと言ってもかまわない。女性同士の友人関係は、なぐさめたり、なぐさめられたりという思いやりを基本とする。だから、つらいと言って同情してもらうのは、日常茶飯事である。もちろん、いつもつらいとばかり言っていれば避けられるかもしれないが、つらいと言うことは、女性にとってタブーではない。

一方、男性はなかなかつらいと言えない。特に同性の男性に対して言えない。男性関係は、基本的に競争社会である。だから、男性に対して「つらい」と言うのは、競争相手に弱みを見せることになる。そして、つらいと言っても同性である男性から同情されることはまずない。逆に、弱いやつと思われて、バカにされることが多い。弱い男性は、男性から同じ男性として認められないのである。そして、弱いと思われた男性は、女性からも男性として認められない、つまり、もてない。男性は男性として生きていくためには、つらいと言えないのだ。

では、つらいと言えない男性は、どこにはけ口を求めればよいのだろうか。それが第3章で触れられているように、「ママ」なのである。「愚痴を聞いてくれ、自分をほめてくれ、癒してくれる」存在である。逆に言えば、男性は、相手がそのようにしてくれる確信がなければ、安心して弱みを他人に晒《さら》すことはない。

子どもの内は、本当のママ、母親がいて自分をほめてくれる。結婚して専業主婦の妻がいれば、少なくとも表面上は癒しが得られる。妻は夫を子どもだと思って、おだてて操縦するのである。そして、飲み代さえ払えば、バーのママやキャバクラの女の子が愚痴を聞いてくれる。

しかし、現在は、結婚難で癒してくれる妻がいない、かといって大人になって母親べったりだとマザコンと言われる、バーやキャバクラに行くのにもお金がかかる、となれば、「つらい男性」の行き場がなくなってきているのではないか。

それゆえ、奥田さんのような男性のつらさを理解しようとする女性ジャーナリストは貴重な存在なのである。

先ほど書いたように、男性は自分の弱みを男性に言いたがらない。私は、離婚経験者に対するインタビュー調査をした時に、たいへん苦労したことを思い出す。離婚には、通常、離婚を切り出す方と切り出される方がある。自分から離婚を切り出した方は、男性も女性もよく話す。切り出された、つまり、振られた方はというと、女性は泣きながらでも話してくれるのだが、振られた男性はそもそもインタビューに応じてくれない。男性である私には、なかなか弱みを見せるということはない。

そんな理由があって、奥田さんが「文庫版　はじめに」で述べているように、「新書出版当時、男のつらさをテーマにした書籍は皆無」だったのだ。もちろん、「男性学」という学問分野はあった。しかし、男のつらさの生の声を取り上げ、マスメディアで発信していったのは、奥田さんが最初ではなかったか。それは、男性ジャーナリストではできなかった仕事である。そして、弱い男性に関心がなく、男性社会を非難することに熱心な女性ジャーナリストにも無理な仕事である。

本書の最大の特徴は、奥田さんの取材プロセス自体が、詳細に記述されていること。そして、取材プロセス自体が、男性のつらさを物語っていることである。男性は自分の弱みを晒すのがいやだから、取材しようとしても当然警戒される。その中で、奥田さん自身が「つらいことを語れない」という男性を理解しようとし、徐々に男性が心を開いていく。奥田さん自身が、女性である自分の経験や価値観を内省しながら、男性のつらさを理解していくという循環が描かれているのが、感動的とさえ思えてくる。

ここで、本書に対するささやかなコメントを述べてみたい。

まず、本書の約半分が割かれている第1章「結婚できない男たち」。

原著が出版された二〇〇七年は、私が「婚活」という言葉を作った年に当たる。当時はまだ、子どもを育てながら女性が働く環境が整っていないからという理由づけが、少子化の原因として語られていた時である。そんな中で、男性側にアプローチをし、男性から見た少子化に迫ったのは貴重な試みだと思う。

現代日本社会では、結婚は男と女によって異なった意味を持ち、「結婚できない」理由も男女によって大きく異なっている。一番大きな違いは、男性は結婚できない理由が自分でだいたい想像できるという点である。女性は、なんでこの人がという人が未婚だったりする。出会いという要素が大きな位置を占めるのだ（だから婚活が流行るのだが）。

一方、男性は結婚しやすい人としにくい人に分かれている。それは、本書に示されているように、いまだに夫に経済力を求める女性が多いことや、交際を始めるに当たって積極的に声をかけるのは男性側とされていることによる。これは、妻に経済力を求める男性が少ないこと、女性から積極的に交際を始めるケースが少ないことと対照すれば理解できる。本書で「モテない系」「ビビリー系」「白雪姫求め系」と分類されているが、まとめるといろいろな意味で「できない」男性が結婚できないでいる。逆に、女性は、経済力がなく、声をかけられなくても、適当な相手さえ出現すれば、結婚できる。つまり、女性はできなくても、「つらくない」道が期待できるが、男性はできないと確実に「つらい」のである。

私にとって興味深いのは、花婿学校の大橋代表（私も何度もお会いしているが）を何度も取材し、取材の度に彼が男性として魅力的になっていく様子を描いているところである。できる男性は、ますますできるようになる一方、できない男性は努力してもなかなかできるようになれないという現実を突きつけられているようだ。

次の「更年期の男たち」の章は、男性の身体機能、特に性機能の衰えの話である。そして、そこには、男女の間で大きな心理ギャップが存在している。男性は、性的能力で男性としての自信を保っている。精神分析学者の言葉に、女性は性的に興奮しなくてもセックスできるが、男性は性的に興奮しないとセックスできないという現実がある。性的に興奮しなくなることは、男性としてのプライドをいたく傷つけ、それを誰にも相談することができないという「つらさ」が女性の目で描かれている。女性から見たら不思議と思えるかもしれないが、これも男性として生きる上での「つらさ」なのである。

第3章は、「相談する男たち」。二〇一六年の今では、男女共同参画センターで男性の相談日を設けることは珍しいことではなくなった。しかし、十年前は、男性は強いという前提のもと、男性は常に加害者、女性は常に被害者という意識が強かった。そんな時代に相談に訪れる男性の姿を奥田さんは優しいまなざしで見つめている。

最後の章は、父親の話である。今でこそ、イクメンという言葉が定着したが、十年前は、男性は子どもの養育での経済的責任を果たせば十分と思われていた。しかし、それではうまく親子関係が築けなくなっている状況が出現していることを奥田さんは描き出している。

まとめてみると、奥田さんは、「つらい男性」の取材の中で、過渡期にある男性の姿を描いたと言えるのではないか。伝統的な男性であれば幸せに生きられた時代から、経済状況や家族状況が変化したために、「つらい男性」が出現しつつある。しかし、二〇一六年の今となっても、新しい男性のあり方はなかなか見えてきていない。本書に書かれていることは、現在でも十分にあてはまるものだ。奥田さんのジャーナリストとしてのますますの活躍を、一男性読者として期待したい。

＊本書は『男はつらいらしい』（新潮新書／二〇〇七年八月刊）を
文庫化にあたり加筆・修正したものです。

奥田祥子―京都市生まれ。ジャーナリスト。米国・ニューヨーク大学文理大学院修士課程修了。慶應義塾大学大学院政策・メディア研究科後期博士課程所定単位取得退学。大学院修了後、新聞社入社。その後、男女の生き方、医療・福祉、家族、労働、教育、メディアなどをテーマに、ルポルタージュや評論、学術論文を発表するほか、翻訳も手がけている。『男はつらいらしい』(新潮社)で一躍脚光を浴び、第2作『男性漂流 男たちは何におびえているか』(講談社)とともにベストセラーに。近刊は『男という名の絶望 病としての夫・父・息子』(幻冬舎)。十数年にわたり、取材対象者一人ひとりに対して1回で終わることのない継続的なインタビューを続け、取材者総数は男女合わせて400人を超える。日本文藝家協会会員。

講談社+α文庫 男《おとこ》はつらいらしい

奥田祥子《おくだしょうこ》

2016年10月20日第1刷発行

発行者――――鈴木 哲
発行所――――株式会社 講談社
東京都文京区音羽2-12-21 〒112-8001
電話 編集(03)5395-3522
販売(03)5395-4415
業務(03)5395-3615
デザイン――――鈴木成一デザイン室
カバー印刷――――凸版印刷株式会社
印刷――――株式会社豊国印刷
製本――――株式会社国宝社
本文データ制作――――講談社デジタル製作

落丁本・乱丁本は購入書店名を明記のうえ、小社業務あてにお送りください。
送料は小社負担にてお取り替えします。
なお、この本の内容についてのお問い合わせは
第一事業局企画部「+α文庫」あてにお願いいたします。
Printed in Japan ISBN978-4-06-281695-3
定価はカバーに表示してあります。

講談社+α文庫 Ⓖビジネス・ノンフィクション

書名	著者	内容	価格	番号
南シナ海が"中国海"になる日 中国海洋覇権の野望	ロバート・D・カプラン 奥山真司 訳	米中衝突は不可避となった! 中国による新帝国主義の危険な覇権ゲームが始まる	920円	G 275-1
打撃の神髄 榎本喜八伝	松井浩	イチローよりも早く1000本安打を達成した、神の域を見た伝説の強打者、その魂の記録。	820円	G 276-1
電通マン36人に教わった36通りの「鬼」気くばり	ホイチョイ・プロダクションズ	博報堂はなぜ電通を超えられないのか。努力しないで気くばりだけで成功する方法	460円	G 277-1
映画の奈落 完結編 北陸代理戦争事件	伊藤彰彦	公開直後、主人公のモデルとなった組長が殺害された映画をめぐる迫真のドキュメント!	900円	G 278-1
誘拐監禁 奪われた18年間	ジェイシー・デュガード 古屋美登里 訳	11歳で誘拐され、18年にわたる監禁生活から救出された女性の全米を涙に包んだ感動の手記!	900円	G 279-1
真説 毛沢東 上 誰も知らなかった実像	ユン・チアン ジョン・ハリデイ 土屋京子 訳	建国の英雄か、恐怖の独裁者か。『ワイルド・スワン』著者が暴く20世紀中国の真実!	1000円	G 280-1
真説 毛沢東 下 誰も知らなかった実像	ユン・チアン ジョン・ハリデイ 土屋京子 訳	『ワイルド・スワン』著者による歴史巨編、閉幕! "建国の父"が追い求めた超大国の夢は——	1000円	G 280-2
ドキュメント パナソニック人事抗争史	岩瀬達哉	なんであいつが役員に? 名門・松下電器の凋落は人事抗争にあった! 驚愕の裏面史	630円	G 281-1
メディアの怪人 徳間康快	佐高信	ヤクザで儲け、宮崎アニメを生み出した。夢の大プロデューサー、徳間康快の生き様!	720円	G 282-1
靖国と千鳥ケ淵 A級戦犯合祀の黒幕にされた男	伊藤智永	「靖国A級戦犯合祀の黒幕」とマスコミに叩かれた男の知られざる真の姿が明かされる!	1000円	G 283-1

＊印は書き下ろし・オリジナル作品

表示価格はすべて本体価格(税別)です。本体価格は変更することがあります